能量就在你心裡，宇宙正在呼喚你

當我們有能量的時候，就能更廣義的行善

宇宙正能量

楊楊 —— 著

楔子：生命中的定靜安慮得

每天，從起床那一刻起，人們第一件感知的事是什麼？是自己的「存在」。

找到了自己，然後才有了與外界相連結的依據。如果連自己都感知不到，那一切和自己相關的財富、事業、名利、愛情以及理想願望，都沒了意義。

此所以有人昏迷或宿醉到隔天醒來，初始茫茫然，不知身在何處，但就算如此，至少還可以感知到「自己」正在看、正在觸摸、正在用五感探詢周遭空間。

而對許多腦部重症患者來說，他的那個「自己」雖然依然存在，只是可能已經無法和他自身肉體緊密連結，深陷幻覺迷宮，去到一般人無法想像的非現實世界裡。

一個無法掌握自己的人，是無法和外界做最佳連結的，就好比一輛性能再好的名車，但駕駛本身不懂開車，那就只能停在原點或橫衝直撞。實在說，這正是許多人在現實生活實際遇到的狀況：

◆ 為何許多人就算有了事業，也賺到了錢，但總感到內心空虛？

◆ 為何許多人每天來去匆匆、忙碌奔走，但當偶爾停下腳步想想，卻感到自己只是讓時間流逝，最終什麼都是一場空？

◆ 為何許多人感到害怕、迷惘，不能清楚說出自己在人世上的定位、意義，不知何去何從？

現實生活中，許多人最關心的都是「切身的問題」，但卻經常模糊了焦點，忘了去問「自身的問題」，就好像只關心車輛維修有沒有做好，卻不去問駕駛本身有沒有駕照。

統計大家最關心的事，大部分都是切身的問題。談願景，就會談到：

◆ 今年我可不可以賺大錢？

◆ 我的事業能不能夠再創高峰？

◆ 我的官運是否亨通？

◆ 我的戀愛運、女人緣如何？

◆ 好運是否會降臨到我頭上？

　　而更切身的，就是已經真正碰到狀況，例如貸款期限快到了繳不出錢怎麼辦？女友和我吵架要分手了怎麼辦？公司今年要裁員了，我似乎在名單上怎麼辦？同班同學們各個都意氣風發，只有我還沒沒無聞怎麼辦？

　　然而，其實所有以上所列的問題或願望，不論狀況是大是小，有一個共通的「原點」，那就是「自己」。

　　有沒有想過，如果自己夠強的話，所有問題都可迎刃而解，就算一個人負債千萬，甚至妻離子散，跌到最慘的境地，只要「自己」這個根源夠強壯，那就一定可以東山再起。而若無法保有一個清明的自己，就算賺到大錢，感覺也好像只是矇到的，許多的人就算坐擁金山銀庫，處在自家豪宅中，內心仍時常感到惶惑無助。

　　所以我們可以談事業、談財富、談愛情、談幸福美滿的人生，我們談任何議題都沒有問題，只要提升自己、修練自己，讓自己的能量與宇宙結合，那就無往不利，而當那個時候，我們看待世界的眼光也不一樣了。

　　就好像一個人原本處在髒亂的街弄裡，跟其他人推擠齟齬，可是一旦有一天攀上高樓往下看，才知道世界是如何寬

廣，之前那條街弄，根本就只是一條微不足道的小小馬路。

本書是關於你「自己」的書，但也因為當一個人能夠做好自己，接著不論要談事業成功、要談致富發達、要談成就人生，都是一理通，樣樣通。

所以，你的人生想要達到什麼？你若仍想不出來，或不能具體描繪，那是因為你尚未真正找到自己，你若是以為凡事都要爭名奪利、爾虞我詐、汲汲營營，那也不叫找到自己，那只是一種自私的為己。

人生想要達到什麼？

《大學》有云：「知止而后有定，定而后能靜，靜而后能安，安而后能慮，慮而后能得。」

太多人都只將焦點放在如何「得」，卻不去關照「得」之前的種種修行。

「知止」就是知道所當「止於最善」的境界。

筆者不敢說已經充分達到「知止」的境界，因為我每一天都還在學習，但宇宙永恆，能量與我們同在，我願以我所能，盡力助人，希望本書的內容可以幫助你認識自己、發揚自己，進而讓你不論從事什麼行業，都能在善的理念下功成名就，做個可以造福世人的能者以及仁者。

生命，非常的難得，非常的神奇，非常值得你珍惜。

讓我們出發吧！
通往世界的起點，不是往哪個外在方向。
通往世界的起點，就從走向「自己」開始。

|目次|

楔子 生命中的定靜安慮得 5

第一部　覺察自己的能量

第一章　初次感知那股能量 14

第二章　上天送給我們的禮物 23

第三章　能量與事業的關係 32

第四章　能量與競爭 42

第五章　能量以及社會處世之道 54

第二部　尋覓那股內心的能量

第六章　定位，是一切的關鍵 66

第七章　自我覺察與能量 75

第八章　能量的境界與影響力 84

第九章　試著打開自身封閉的瓶子 92

第十章　世界不只是你眼中的世界 100

第三部　祕密背後的祕密

第十一章　如何跟宇宙下訂單 ⋯⋯⋯⋯⋯ 112

第十二章　自己就是小宇宙 ⋯⋯⋯⋯⋯ 123

第十三章　養氣與能量 ⋯⋯⋯⋯⋯ 135

第十四章　我就是一個能量體 ⋯⋯⋯⋯⋯ 145

第十五章　用正能量導引充沛實力 ⋯⋯⋯⋯⋯ 155

第四部　修練自我的小宇宙

第十六章　當自身的瓶子清空時 ⋯⋯⋯⋯⋯ 168

第十七章　生命中不得不承受的「濾」 ⋯⋯⋯⋯⋯ 178

第十八章　省思與沉澱 ⋯⋯⋯⋯⋯ 189

第十九章　每日做到的靜心修練 ⋯⋯⋯⋯⋯ 200

第二十章　回歸寧靜，找出新方向 ⋯⋯⋯⋯⋯ 211

結語　洗滌瓶子，讓自己成為對社會有貢獻的人 ⋯⋯⋯ 225

定 靜安慮得

| 第一部 |

覺察自己的能量

第一章　初次感知那股能量

第二章　上天送給我們的禮物

第三章　能量與事業的關係

第四章　能量與競爭

第五章　能量以及社會處世之道

初次感知那股能量

天地與我並生，而萬物與我為一。

既已為一矣，且得有言乎？

既已謂之一矣，且得無言乎？

一與言為二，二與一為三。

自此以往，巧歷不能得，而況其凡乎！

故自無適有以至於三，而況自有適有乎！

無適焉，因是已。

—— 《莊子 · 齊物論》

　　曾經，我碰到外來的欺侮，感到害怕時，只能無助的抗拒。曾經，我用傷口書寫成長，身體有多痛，心只會加倍的痛。但後來我找到了力量，從此不再害怕、不再徬徨，那力量是一種最強大的後盾，不是有錢有勢的宗族，更非投靠什麼地方盤據勢力，而是宇宙間最無處不在的能量。

　　那力量甚至也不只是我後盾，
　　而是已經和我化為一體。
　　從此，我看世界的眼光不同了，
　　不論我從事什麼工作，追求怎樣的目標，
　　我也都不再惶惑。

　　我很感恩，在我年紀還很小的時候，就認識了那樣的力量，並與這樣的力量一起做生命的學習，落實生命的成長。
　　我的人生故事源頭，是在臺灣東部偏鄉，太平洋帶來無盡的海風，最早的時候，我感到寒冷，終究，在追尋的道路上，我找到溫暖。

🌱 那個感知的剎那

我出生在臺灣東海岸的花蓮，但是在宜蘭長大。

出生下來七個月，父母就不在了，我是被沒血緣關係的人抱去扶養，而照養我長大的人，我稱他們是外公、外婆，他們本身家境也不是很好，住在勉可遮風避雨的茅屋，日子過得困苦克難。

感覺上我像是個不被祝福的人，特別是在社會觀念較保守的偏鄉，我更是被貼上「不吉祥」的標籤，是個「掃把星」，最好別與我扯上關係，否則會帶來衰運。乃至於我小時候，同村家家戶戶都警告小朋友，千萬別跟我一起玩，若有犯戒，回家少不了責罵。

一切的因緣，自有上天巧妙的安排。就是因為我小時候少有玩伴，因此我把更多的時間投入到大自然，我比別人多一分心思去觀察花草樹木，我也更用心去傾聽、去嗅聞風中傳來的蟲鳴鳥叫與花朵的芬芳。

身為一個家貧、沒有爸媽保護又不被村莊接受的人，可想而知，日常生活中各類的欺凌不會少。我知道那不是源於

人性的惡意，毋寧我要說，那是種因為無知而產生的群體盲從效應。總之，我好多次在全然無助的情況下，被欺侮得很慘，我無處可逃，只能將身子縮成一團，縮到不能再縮，就像蝸牛縮進自己的殼一般。然而蝸牛尚有殼，我卻只有弱小的肉身。

但是當縮到無路可退時，反倒我意外地讓自己更貼近自己的內心。所有外界喧嘩，都只是無意義的謾罵打擊，我轉而專注聆聽內在的聲音。就在大約國小三年級那年，我忽然發現，我找到了一種與「宇宙」連結的方法。

說宇宙，只是個泛稱。

我的宇宙，不只是天文學裡的那個星空，

而是廣泛指的那個包含萬事萬物的「絕對大我」。

我聽到一種聲音，當下我就意識到那是攸關「我來到世界上的根源與目的」的重要聲音。雖然小小年紀的我，當時還不能理解「生命」、「能量」、「境界」這類的觀點意識，但我確確實實有了如下的醒悟：

我知道：

我是可以自己照顧自己的，我是可以自己保護自己的。

這世界其實是一體的，我擁有整個世界，

正如整個世界包容我。

既然是一體，所以我對外界沒有敵意，更沒有報復。

我只是擁抱這種能量，面對世間的萬事萬物。

　　日後有人問我，具體「感知」的時間點，當時是否發生什麼特殊事件等等，我只能說，那就是一種甦醒般的感覺，能量本來就在那裡，那能量不單屬於我，只要任何人願意淨化自己內心，也都有機會可以感知。

　　而在 2007 年，一本號稱史上最暢銷的勵志書《祕密》問世後，每當我提起了當年我感知到的能量，很多人以為，我講的就是書中所描述的那種「向宇宙下訂單」的觀念。

　　當然，我早在那本書問世以前，就已經感受到宇宙的能量，而看似理念很像，實際上我所要傳達的觀念，並不等同於《祕密》一書所傳達的，或者我該說，該書有關宇宙能量與你我相通，這部分的觀念大致是對的，但大部分讀者還是

抱著「為自己牟利」的心境來跟宇宙溝通，這部分就是有待
商榷的。

🌱 何謂能量的傳遞

　　放眼身邊周遭的大部分人，幾乎人人都在追求著什麼，
追求賺更多的錢、追求上級的認可、追求一個美好的對象等
等。「追求」這件事並沒有錯，但比較值得提出來討論的是
追求的「心態」。

　　以《祕密》一書來說，很多讀者甚至包含傳道授業的導
師，都把重點放在「只要我們心念聚焦，就可以向宇宙下訂
單」，好比說，我們想要賺到更多的錢，腦海裡應該想的是
「**我想擁有更多財富**」，而不該想「我為何都賺不到錢？」
因為宇宙的收信匣只收得到關鍵字眼，前者宇宙收到的訊息
是「財富」，後者宇宙收到的訊息卻是「賺不到錢」。

　　因此，該書主要鼓勵人們擁有正確的「信念」，這樣才
能得到宇宙能量的相助，讓一個人「心想事成」。

　　然而，如果宇宙可以讓你下訂單，基本的前提就是「你

是你」、「宇宙是宇宙」，畢竟，我們不能和自己下訂單吧？而「向宇宙下訂單」這樣的行為，最終就是請求宇宙為你「個人的私利」凝聚能量，這其實是一種需索。但如同我最前面講過的，如果一個人連自我都尚未釐清，那麼一切追求名利的作為，終究還是空虛的。

我在國小三年級就感受到的能量，不是那種必須向外求的他方力量，相反的，**我感到我就是宇宙，宇宙就是我，我們每個人其實都是和宇宙互通的**，一個可以覺悟到這種能量的人，應該要盡其所能去傳遞這樣的能量，讓大家都能受到啟發。

對我來說，如何讓人擁有能量，並不是靠什麼施法或要人修習什麼祕笈。

最直接的方法，其實就是**讓我本身的做人處事，去感動人**。而更聚焦的方法，則是**透過演講或者說故事的形式，只要讓一個人內心有所感觸，這就是我所謂能量的傳遞**。

我想要闡述的是，人人都該去開啟自己內心的能量之門。當一個人無法認識自己，那麼就算和宇宙下再多訂單也

沒用，那種感覺就好比你今天上網訂購商品，但卻沒有填寫個人基本資料一般。

探索外在之前，應該先探索自己的心靈。人們常說的「潘朵拉的盒子」，在希臘神話中，因為有人好奇打開這個盒子，於是許多不幸的事物，諸如疾病、災難等等，紛紛降臨人間。但我想說，這個潘朵拉盒子，其實也存在每個人的內心裡，你必須願意去打開，認清其中的汙穢、醜惡，這樣你才知道，原來我因為內心裡有著這些負面的種種，所以我在看事情時，總帶著錯誤的思維。

例如：

◆ 看到同事升官，內心就感到嫉妒，而不是想要效法他的優點。

◆ 看到其他廠商成功，內心就想著該如何打擊他的市場，而非用心去看待他們怎麼成功。

◆ 看到花朵美麗，就想據為己有，而非純粹用審美眼光來欣賞。

如果，內心的潘朵拉不清理，那麼就算真的跟宇宙下訂單，宇宙也願意賦予你更多的財富、名利、地位了，然而你

依然是你，依然是那個內心汙穢、經常不快樂的你，那樣又有何意義呢？

做為本書的起始第一課，我想要再次強調，能量的基礎三大觀念：

一、能量與你我都能產生連結，重點是你的接受度。

二、能量是可以給予的，而非等待外在的施捨。

三、能量就在你內心，先建立好強健的自己，再來探詢外在的種種。

第二章

上天送給我們的禮物

我有三寶，持而寶之。

一曰慈，二曰儉，三曰不敢為天下先。

慈故能勇，儉故能廣，

不敢為天下先、故能成器長。

今捨慈且勇，捨儉且廣，

捨後且先，死矣！

夫慈以戰則勝，以守則固。

天將救之，以慈衛之。

——老子《道德經》

　　我小時候常常會在颱風天跑去海邊，不是因為浪大可以衝浪，實際上，那是非常危險的，我並不鼓勵其他人效法，當年我是迫於生計，不得已才這麼做。

　　我會選在颱風或惡劣氣象時候去海邊，只因每當那段期間，就會有很多魚蝦蟹貝被沖上岸，那是我的食物，也是我可以用來換取微薄收入的貨源。

　　我稱這些來自大海的美食，叫做上天送我的禮物。

　　也就是在那樣的時候，讓我體認到一個人生的道理：

　　任何的逆境背後，都可能藏有豐厚的禮物，
　　只要願意與逆境拚搏，最終就能獲得無悔的報償。

🌱 活著，就是做好眼前的事

　　我是一個從小就沒有爸媽照顧的孩子，而領養我的外公外婆也在我中學時候一一過世，甚至連殯葬的費用都必須由眾家村鄰協助，老人家才得以安葬。我必須一邊念書，一邊照顧自己的生活，當年我尚未接觸馬斯洛的五大需求理論，

但回顧少年時代，我大部分時候都仍在為最基礎的生存需求搏鬥。

因為老屋已經殘破無法住人，我曾經住過靈骨塔；為了換得三餐及溫飽，我想過各種生存模式。不論如何，從我內心感知到能量的那一年開始，我就已經能夠不畏懼大環境的各種挑戰，能夠因應各種狀況，臨機應變，找出活路。

雖然當時少有人願意接近我，但我還是擁有最好的朋友，那就是宇宙以及大自然，包含花草植物動物，都曾經幫過我。

的確，大自然供給我生養。小學時候，我就開始靠剝蝦賺取小小的報酬，下雨天，當其他孩子都躲在家裡，我卻會很興奮的跑去深山裡，因為我知道下大雨時，許多蝸牛都會爬出來，我可以撿蝸牛賣錢，同時間我也在山中摘取可以賣給村人的草藥。

記得我在校念書的時候，就已經是個小小商人了。我這樣一個小朋友去哪裡「進貨」呢？其實我做的都是無本生意，當時的我擁有一雙巧手，於是我便去撿拾隨處都有的免洗筷，然後無師自通的將一根根筷子，用小刀片雕出一支支

具體而微的袖珍武器。結合各種通俗民間故事，好比《三國演義》裡關羽手拿著關刀，張飛拿的丈八蛇矛，在我的巧手下，那些免洗筷一一化身為十八般武藝。

此外，我在學校時功課雖不好，但我卻有適應生存的小聰明。例如我喜歡鼓吹孩子們一起去操場玩騎馬打仗，我看重的不是那種打打鬧鬧的刺激，而是每當上課鐘響時，大家紛紛趕回教室，此時我會刻意在操場上多待幾分鐘，為的是撿拾地上剛剛同學掉落的零錢。那時候，我撿了不少的銅板，每天早晚我也愛在校園草地上「巡禮」，因為那裡也有「上天掉下來的禮物」。

也因為我需要生存，所以已經養成各種「不怕」的習慣。講白一點，我根本就沒有本錢可以怕東怕西的，連風雨中上山下海抓蟲捕魚都不怕了，更別說會害怕跟陌生人講話。我做任何事也都不預設立場，從來不會擔心什麼面子問題，擔心觀感問題，或擔心這擔心那的。

所謂的擔心，經常發生在尚未出事前，當事情真正發生，好比說你就處在災難現場，或者你被一件任務忙得焦頭爛額，處理眼前的事都來不及了，怎麼還能保留一分心用在

「擔心」上呢？

　　我很認可某位哲人常說的一句話：

能解決的事，不必去擔心；

不能解決的事，擔心也沒用。

　　就是抱持這樣的信念，我做任何事從不慌張，不自己給自己（當然也不給別人）不必要的壓力，只要捫心自問，我已經盡力了，之後就是盡人事知天命。當你的心變得專注，自然可以和宇宙能量連結，那時候，我也自然可以找出最佳的方式，處理眼前的種種難題。

　　至於那些非一己之力可以做到的事，或者是狀況發生了，好比說災難已經發生，此時再怎麼後悔和哀號也無益，先努力善後比較重要。其他像是好友病危，或是政商場上的黑暗面，那些不是我一個平民百姓可以著力的種種，不需要去煩惱、抱怨，也不需要去批評謾罵，然後把自己氣得半死，何苦來哉？

　　基本上，就是盡力做好此時此刻自己應該做好的事。

就如同當我學生時代，為了養活生計，我必須去做種種可以賺取報酬的打工，那是當時眼前最重要的事。

現在的我，也是做好眼前最重要的事，做好的我工作、照顧我的家人，珍惜每一個相處的緣分，以及感受每時每刻活著的喜悅。

🌱 生命中最大的喜悅

以年紀來說，我還算年輕，若要用人生資歷來和廣大朋友分享「生命智慧」，肯定會有人問：「你算老幾？可以來跟我傳道授業解惑？搞不好我走過的橋都還比你經過的路還要多呢！」

但就算如此，這麼「年輕」的我，還是經常四處各地去做分享，因為我知道，我如果不善用自己感知的能量，不好好傳遞這些正向的訊息，我就真的糟蹋了上天給予的禮物。

◆ 我不希望被人誤以為是在說教，因此我先把自己的人生做好。

◆ 我要人們知道，提升心靈能量就能致富，在那之前，

我先讓自己擁有足夠的事業財富。

◆ 我要人們知道，提升心靈能量就能突破困境，在那之前，我已用自己人生書寫一頁頁挑戰成功的故事。

◆ 我不會只是講解抽象的勵志言語，所有我的論述，背後都有實證，我也都以身作則，展現能量可以創造的種種可能。

簡單來說，我雖然到處演講，但重點不在於我「講」了什麼，而在於我「展現」了什麼。因為我知道一個很重要的道理，有人說：「如人飲水，冷暖自知。」

但我更要強調：

自己的人生路要自己走，

我可以為你指出河水有多湍急，

河床哪裡有踏腳的石路，

但我不能代替你走這條路，

我的任何成就，都是我走出來的，

但我也希望你走出你的康莊坦途。

　　所以請聽我所言，但更要用心體會我所要傳達的深意。當我的一句話讓你感動流淚了，那很好，但我不希望你淚乾了就忘，更不要你當個局外人。我希望我的一句話，可以改變你的想法，可以改變你原本要多走一、二十年的冤枉路。

　　本書後續分享的，不論是用在事業或人生其他面向的觀點，如果你只是讀過，那就只是參觀展示的概念而已。就算知道我的事業有什麼成就，身為「旁觀」的人，也無法與你產生關聯。就好像參觀展覽，當你離開了展場，展覽的美歸展覽的美，你依舊還是那個離美越來越遠的人。

　　以我這樣子，在兩岸都有事業，也靠著努力建立一定財富的人來說，我不會因為今天比昨天多賺一萬元美金就興奮激動，更不會因為業績成長突破，就因此欣喜狂歡。

　　對我來說，
　　做好自己的事業，服務我該服務的人，
　　那本來就是該做的事，
　　我做對了事情，錢財以及地位都是附帶的。
　　這談不上興奮，更無關喜悅，

所謂的喜悅，是人生一個更高的境界，

喜悅觸動內心，超越所有的物質享受。

舉例來說，我最大的喜悅，不是今天去哪裡演講，因此賺了多少講師費。多半時候，我甚至都把演講費直接捐了出去。我真正的喜悅是，知道那場演講有什麼人聽了，因此改變他的思維，進而改變他的人生。

曾有一個年輕人寄 mail 給我，分享她因為聽了我的演講，從此真正重新看待人生，也與家人朋友建立起新的關係，她找到了人生幸福。對我而言，這封信的價值，就遠遠高過任何的商品訂單或匯款通知。

這才是能量的具體應用，我知道上天送給我的禮物，不是只為了我，我只是個媒介，正如大家都和宇宙相通一般，如果大部分人尚無法開啟心靈的那道大門，我就有義務擔當這樣的角色。一路走來，看到我用這樣的能量激勵人、啟發人、感動人、改變人，我真正懷有很大的喜悅。

第三章

能量與事業的關係

色不異空，空不異色，

色即是空，空即是色，

受想行識，亦復如是。

——《般若波羅蜜多心經》

　　我知道，對許多人來說，人生最關心的課題，還是如何賺更多的錢，以及如何成就自己的事業。

　　如同我說過的，我希望透過我的分享，帶動人心的啟發，若要真正落實讓人們感興趣，也必須和大家用同樣的語言。因此，我在任何的地方分享，也不刻意講太高遠、太理想化的願景，既然那麼多人關心事業，我也喜歡和大家談談如何成就事業。

　　我不只和人分享，自己本身也確實成就了一定的事業。我絕不會將賺錢和罪惡連結，只有透過惡意的方式賺錢，那才是負面的，事實上，任何時候，若能全心全意將自己的能力發揮在自己的專長上，發揮在有助世人的事情上，財富就是必然的結果。

　　本章，讓我們來談談事業與自身能量的關係。

如何處理好人與人之間的關係

　　當我們提到事業、提到賺錢，就一定會提到如何做人。我所認識的事業有成者，通常也會是在人際關係以及與人應

對進退方面，能夠達到一定圓熟的人。

然而，人與人間如何相處，卻是世間最大的課題之一，有人活了一輩子，卻仍無法突破「人際」關係：

◆ 當別人講閒言閒語，你覺得是在說你是非，於是你心生不快，甚至和對方結仇。

◆ 為了討好別人，所以總是配合別人眼光做事，總是不能做自己。但到頭來，仍無法面面俱到。

◆ 對於意見和自己不同的人，就是看不順眼，輕則不相往來，重則相互攻訐。

◆ 如果自己是公眾人物，或在公開平臺發言，當被其他網友留言批評或取笑，就會變得整天不開心。

以上就是許多人無法突破的關卡。

簡單來說，當你原本應有的快樂，因為其他的人，不論那人是你認識的還是陌生人，只要那個人的言語或作為可以影響到你，你就難以突破人際關，而難以突破人際關，就難以突破事業關。

試想，當你開一家餐廳，你能讓每個客人都滿意嗎？如

果有客人要求比較多，你會跟客人吵架嗎？當你經營一家公司，規模越大，接觸的人就越多，員工多、幹部多、客戶多還有各類買或不買的消費者也多，其中有很多意見不合，甚至很多不滿，如果身為經營者無法用智慧去面對，事業就很難經營下去。

我很小的時候就曾受到排擠，到中學時候也都還受到不同程度的霸凌，大部分時候不是因為自己沒做好，相反的，例如在高中時候，我因為表現得很認真，反倒引起其他同學眼紅。

那時因為家貧，我必須參與半工半讀的建教合作，當我規規矩矩做我該做的事，在校認真念書，在工廠也認真作業，每個月都領得到績效獎金，可是其他同學卻看我不順眼，於是有種種不愉快。然而我要是被這些不愉快牽著走，採取報復或者自暴自棄等方式，也許就不會有今天的我。

身為一個學生，那時候我的資源及選擇很少，我選擇的處理方式，是寧願由日間部轉夜間部，繼續完成學業，也不繼續和負面的力量扯污泥。

除了消極面，我面對其他人的不友善時，採取不衝突的

形式；在積極面，我後來若有機會，也會主動與別人建立友善互動的關係。

　　原本我從小就是不怕生的人（或者說沒本錢怕生，因為要討生活），小小年紀就敢賣東西給陌生人，換取小小的收入，後來更是結合能量賦予的使命，我把每次與人接觸都當作善緣，因此我從來不會畏懼對陌生人做銷售。

　　我很肯定，這世界上沒有我賣不出去的東西。
　　不是因為我很懂銷售話術，
　　或透過什麼人性心理學手段，我可以銷售任何東西，
　　因為我內心總是想著：
　　我不是在銷售，我是在分享好東西，我是在幫助他們。

　　當基本思維對了，銷售就不再是一件難事，做事業也不是難事。當碰到客戶不滿時，我不會急著辯解，我會真心去想，客戶為何會不滿？我該如何化解他的不滿？
　　當客人不買我的商品時，我不會去想方設法硬塞東西給他，而是去想他為何不買？是因為真的沒興趣，還是因為我

沒將商品講解清楚？

　　就是因為這樣的思維，我的人際關係也有了不一樣的意義，不論對客戶、對員工都一樣，進而讓我的事業，能夠在「人和」的前提下，逐步成長。

🌱 傳遞東西給有需要的人

　　一理通，樣樣通，就好比大家常聽過的業務銷售案例，一個好的銷售人員，就連將梳子賣給和尚都不是問題。

　　我在做銷售，卻從不擔心東西賣不出去的問題，我總是關心著，誰需要這商品？我該如何滿足他們的需求？

　　曾經有一次，我在廣西山間撿到一些石頭，這些都只是山裡的石頭，但連這樣的石頭我照樣可以銷售出去，賣給在街上遇到的陌生人，我還把賣出的所得捐給學校。

　　其實所有的銷售者都一樣，也許每個人的學歷不同、出身環境不同，但當銷售的是同樣的商品，講解的是同樣的制度，為何有人總是業績頂尖，有人就是無法把東西賣出去？

　　那已經不是他比你智商高、比你聰明、比你口才好這類

層面的問題，而是整個人所處的思維境界，或者我就直說：
是每個人的能量問題。

　　能量很抽象，甚至你無法明指真的有這種力量。但好比
我們說電力或磁力，人類也同樣看不到這些力，但實實在在
的就是有電力、磁力，並且力量非常強大，可以供應全地球
所有設施運轉。

　　我常說，一個人不論是不是從事業務工作都一樣，如果
本身缺乏能量，做什麼事都會有氣無力，內心也充滿惶恐。
而能量只要夠強，就算一個人身處在墓園都不會害怕。

　　能量是與宇宙接軌的，能量的應用，
　　就是將身邊的一切轉為正思維，
　　使自身由內而外的充滿正能量。
　　這個時候的你，神鬼佛魔都會來幫你、保護你，
　　都不會傷害你！

　　我從感知到能量的那一年起，就有種「天不怕地不怕」
的安定感，這不是蠻勇，相反的，我可以很謙虛，但依然感

到無畏，因為我的心是坦蕩蕩的。

　　就是透過這種能量，讓我可以投入各種事業。

　　當一個人一心為己，

　　那能量是自私的、是有限的，

　　所以做什麼事都感到有點「虛」。

　　但當一個人能夠擴大心胸格局，

　　例如我銷售、我創業、我做任何事，

　　最終都是為了想幫助人，想對這社會多點貢獻，

　　這樣力量就是強大的。

　　就如同那句老話：「水能載舟，亦能覆舟。」我清楚我可以接觸這樣的能量，我也很感恩上天讓我從小就懂這種能量，因此，我總是抱持著感恩之心，盡力把這樣的力量用在利他的事情上。

　　所謂利他，不是單純指造橋舖路、賑濟布施這類的公益。我常常說，幫助人有很多種方法，做各類的慈善是一種，但如果你好好經營一個事業，聘僱很多員工，照顧很多

家庭，賣出優質產品，讓消費者滿意，那樣不也是更廣義的行善嗎？

當我們有能量的時候，就能更廣義的行善。

寫到此，我要提到《般若波羅蜜多心經》上所提的「色不異空，空不異色」。

乍聽之下，令人摸不著頭緒，談事業怎麼會和《心經》扯上關係呢？

實際上，萬事萬物都是共通的，宇宙本就不分你我。但這裡我不講高深的哲理，我純粹導入商業營運角度，當我們經營事業，好比說銷售一個商品，如果我是我，消費者是消費者，那樣就是對立的，有時候甚至是一種攻防。好比說，我成功銷售商品給你，老闆勝了；消費者拒絕購買，老闆就敗了，這就是因為用對立的觀念想事情。

但如果是你我站在同一個立場，我雖然是老闆，但你我都是人類，我可以站在你的角度，就好比我自己用你的眼光看世界一樣，以這樣的角度，重新來看我賣的商品，那就

純粹站在商品對你好與不好的思維，消費者可能不懂我的商品，做老闆的我有義務解釋，一旦消費者懂了，也了解這商品對他有幫助，於是他購買了。這不是老闆贏了，而是老闆接受能量的賦予任務，把好的東西傳遞給「有需要」的人。

把眼界放寬，
每個人都是來地球磨練一生功課的人，
每個人都是宇宙的一份子，
都是廣義上我們的兄弟姊妹，根本無分別心，
如此，任何事都會變得自然。

當一個人把經營事業、把銷售商品變得很困難時，那就要反思，是否自己讓自己站在消費者的對立面，才會把「被拒絕」看得那麼嚴重？

從今天起，試著改變自己看待別人的心態，包含看待消費者、看待同事、看待長官、看待下屬的心態，那麼今天就是你事業轉型、起飛邁進的日子。

第四章

能量與競爭

仁言，不如仁聲之入人深也。

善政，不如善教之得民也。

善政民畏之，善教民愛之；

善政得民財，善教得民心。

——《孟子‧盡心篇上》

　　許多人在求學時代都曾念過四書五經，許多人也覺得這些「之乎者也」的，跟我們人生有什麼關係？就好比在書中，古時候的帝王也曾好奇的問過孟子，你一天到晚講仁講義的，難道講這些仁義道德，就能讓我的國家興盛嗎？

　　我小時候念書的成績不算頂好，也絕非一個很懂國學的人，但長大後有一番事業，我經常回過頭去，重新省思那些古哲理的意義，然後頗有領悟。

　　談到事業、談到商場，很多人總愛把權謀與霸術奉為圭臬，覺得在競爭場上，太過善良的人就像是綿羊進入森林，遲早會被各種豺狼虎豹吃掉。難道愛、關懷、與人為善……等等這些正向的字眼，都不適用在競爭激烈的商場嗎？

　　本章，我想來討論這方面的議題。

怎樣才是良性競爭？

　　提到商場，很多人會提到競爭。事實上，除非世界上所有東西，每樣都是「僅此一家，別無分號」，否則一定會有競爭。我賣果汁飲料，你也賣果汁飲料，消費者不是跟我買

就是跟你買，這中間有了比較，有了誰獲得青睞的考量，於
是就有了競爭。

　　其實，任何有團體的地方就有競爭，從小時候，考試成
績只能有一個榜首，賽跑只能有一個冠軍，到日後職場上，
一個部門只有一個經理，每月業績第一名也只有一個，競爭
是必然的。甚至，如果沒有競爭，這社會就不會有進步。

　　但有朋友會好奇，當碰到競爭，那麼，所有那些過往的
仁義道德，不都只是食古不化的過時教條？

　　首先，我要說，任何時代都有那個時代的背景，古時候
的仁義道德觀念，不一定全然適用在現代。但這裡我也要表
示，我所強調結合宇宙的能量，發乎為善，但善是指行為得
宜，且對世界有貢獻，不一定非要死板板的仁義道德。

　　但朋友仍要問，「行善」的念頭，真的可以在爾虞我詐
的商場適用嗎？

　　舉個例子，在某個小鎮有三家賣場，都在競爭小鎮有限
的消費量。那麼是否應該就要鬥倒其他兩家，剩下的賣場才
能生存？或者，我雖不去犯人，但別人卻來犯我，好比說透
過各種行銷攻勢，陰險的方式來惡意攻訐我們賣場，或登廣

告暗指我們賣場產品比較差；比較光明的方式，則是透過送贈品或優惠大減價等，反正最終就是會壓縮我方的市場。

當這樣的時候，我們不是要反擊嗎？「反擊」就是敵對的觀念，到那時候還能「心中有善」嗎？

我的答案：

我們做事業，都要秉持著初衷，

一心為善，這件事是不可動搖的。

先來看什麼是競爭？如前所述，從小念書的時候，就有考試、評比，那時候就有競爭了。但那是良性競爭，那是一種正面意義的互較高下，就好像比武，一個人展現武功絕學，但另一個人真的是神乎其技，比他技高一籌於是輸的人也甘拜下風，甚至願意向對方學習。

因為重點在於比賽過程，競爭的雙方都盡力了，**輸贏已定，也贏得了風範**。但若把焦點放在「結果」，一方不擇手段的採取下藥、出暗器等賤招，這樣子就算贏了，也會被人不齒。

　　商場上的競爭也是如此。今天有三家賣場，每家有不同的特色，每家的經理人都努力把自己做到最好，刻意展現自己的全方位優點，從產品管控、服務人員態度，乃至於賣場整潔、銷售文宣創新，這都是好的。

　　過程中，只要不特別去做出背地傷害其他賣場的事，那麼，當最終三家賣場中，有一家真的各項優勢都比較凸顯，消費者最終都比較喜歡去那家買東西，其他兩家也都知道自己略遜一籌，另外，也知道可能這個小鎮的市場太小，應該往其他更大的地方去。

　　當然也可以有其他思維，例如發揮其他特色，轉進所謂藍海市場，好比改變策略，改為主打嬰幼兒產品，另闢蹊徑，也可能走出另一條路。

　　方法是人想的，越是競爭的環境，

　　反倒越能激發各種創意思維，

　　潛能是無限的，只要能和宇宙的頻道接通，

　　而宇宙的能量會是通往心胸最寬大的人。

以上是賣場的例子，現在如果換成是職場的例子，也是相通的。例如一個部門，原本的課長升官了，全體職員都知道三個月內要內部調升一名員工擔任新課長，這時候就有競爭了。

同樣的，若以商場厚黑學的角度，就會有種種不堪的手段，特別是電視劇的加持，喜歡播放一些職場的惡性競爭，黑函密告、工作掣肘、巴結老闆等劇情，但這絕不是唯一的作法。我們還是可以採取良性競爭，如果我們想爭取課長的位置，該怎麼做？我們不需要去傷害別人，也不需要刻意去矯飾什麼，我們真正要做到的就是一件事，就是我一直強調的，**我們要盡全力呈現自己。**

◆ 如果我們各種資格到位了，那就好還要更好，讓我的努力化為實際成果，真正為公司帶來貢獻，課長職位就是我的。

◆ 如果以課長的位階來說，我的能力還有所缺憾，正好可以透過這個機會補強自己。好比說擔任課長的人要有簡報能力，我就去加強簡報能力；擔任課長的人要更

懂財務報表，我就去多上這方面的課。

◆ 最後，如果我們經過一番努力後，最終仍無法脫穎而出，競爭者實力還是比我強，他當上課長了，我也要真心為他恭喜。因為，他真的能力比我強，這讓我們知道自己還有很大努力空間。並且我也很高興，因這次的課長競爭，讓我這段時間也加強了自己，今後，我還要繼續加強。

這樣的競爭不是很好嗎？至少心境坦蕩蕩，對得起自己。而如果一家企業，總是讓耍小手段的人當上主管，這肯定也不會是一家值得投入的公司，那就是公司的問題了，不是你個人的問題。

最終我們要相信、要堅持、要力行：第一，要以善的理念來做人做事，第二，要發揮自己全部潛力。

這就是競爭的基本態度。

🌱 怎麼面對輸贏？

談到了競爭，接著不免談到競爭的結果，有贏就有輸，這時候也是考驗一個人格局的時候。

運動場上，輸球的一方，氣得摔球拍，甚至口出惡言，這種情況也常見，然而觀眾不會因此同情他輸得冤枉，只會覺得這個人一點運動家風度都沒有。在考場上及在職場上也是一樣，有人輸了，哭得唏哩嘩啦，非常「不甘心」，或者喃喃說著「不公平」，有人覺得自己就是要贏，如果課長不是他，那就選擇離職。

這裡假定公司本身環境是正常的，以便我們聚焦來討論當事人。

一個人輸了為何會不服氣？第一，因為他在乎的是自己而不是公司。第二，他的心胸容不下別人好。這已經無關輸贏了，而是攸關一生的命運，因為當一個人心態上比較自私，或者比較不懂得包容，他在人生中任何時刻的處事待人接物，也一定是這樣的心態，肯定會帶來很多的挫折以及怨恨，也影響一個人最終發展的格局。

這裡要回歸到，如何和宇宙的能量接軌。

能量的本質是什麼？能量的本質就是愛。

◆ 愛是包容，看到比我們好的人，我們要衷心讚美他，也願意跟他學習。

◆ 愛是慈悲，看到別人的錯誤反應，我們知道他內心還沒想通，知道他行事有著罣礙，我們要替他擔心，怕他這樣的個性難以生存。

在競爭後面對結果，很清楚，就是虛心接受。我的能力很強，但實情是他比我更強，我要懂得禮讓，然後我知道，我的能力不會被埋沒，公司有其他機會終究會輪到我。

人貴自知，也要懂得定位。每一次的競爭，每一次的任務挑戰試煉，都是讓我們更認清自己。所謂認清自己，不是自我設限，認為「我就是這樣」。以前面課長競爭為例，自知之明，就是讓我們清楚，原來自己尚缺什麼，我必須補強什麼，為此，我們真的要感謝，因為有這樣的競爭，上天讓我們得到成長的機會。

在這裡也要說明一件事，那就是言語的重要。同樣一件事，好比說前面講的競爭，如果我們用來描述的言語都是正向的，像是「爭取為公司服務的機會」、「能力成長的試煉」等等，對大家來說，就是一個集體學習的挑戰，無論輸贏大家都有好的歷練。但如果聚焦在負面的「角逐大位」、「弱者淘汰」、「誰要當 loser」等等，整個競爭就會變調。

商場上的很多狀況也是如此：

可以說「創意思維」，也可以說「惡搞點子」。

可以說「價格定位」，也可以說「惡性削價」。

可以說「訓練」、「培訓」，也可以說是「壓榨」、「欺凌」。

可以說「奧客來找公司麻煩」，也可以說「有消費者願意提供不同的意見」。

當人與人對話，這樣的用語以及背後的思維很重要，當老闆找你進去，你心想：「他又要找我麻煩了。」當這樣想的時候，整個人的態度也就變得和老闆對立。

在職場上，若某天有同仁針對工作流程想到不同的做法，可能有的人就會想：他又在標新立異，或他又故意在主

管面前裝模作樣。但同樣的，有人也會認為這個同事他點子好多、與時俱進，我也要跟他效法，今天起我回家要多看點行銷企劃方面的書。

　　不同的想法，映襯著不同人內心的格局。
　　說到底，還是回歸到心靈的層面。
　　我們要找出正確的信念，
　　才能讓心做出正確的對話。
　　善待別人就是善待自己。

　　心念真的很重要，不論是競爭時淪為輸家，或者是更糟的，被某種陷害讓自己受到苦痛。

　　得過諾貝爾獎的南非屠圖大主教，曾說過一個故事，在種族隔離時代，有個民主鬥士，被惡意誣陷罪名，坐牢三十年，後來他得到平反。

　　原以為他一定會非常痛惡那些當初害他的人，沒想到他出獄後，當再度看到當年那些人，他選擇的是和他們擁抱，他說他原諒別人，也同時原諒自己。

　　當有媒體採訪問他：「你這樣甘心嗎？你因為這些人，白白損失三十年的光陰，你為何要原諒他們？」結果民主鬥士回答：「是的，我過往已經損失三十年，但如果我選擇繼續怨恨，那我不就等於要再被這些人耽誤另一個三十年？」

　　當怨恨、嫉妒、怨懟這些心念在你的心裡燃燒，請注意，被你怨恨、嫉妒、怨懟的對方，不一定感受得到，但可以肯定的是，你自己的心已經先被這些負面情緒所傷到了。

　　這是我們談能量、談競爭，一定要知曉的課題。

第五章

能量以及社會處世之道

天地載道，道存則萬物生，

道失則萬物滅。

天道之數，至則反，盛則衰。

炎炎之火，滅期近矣。

自知者智，自勝者勇，

自暴者賤，自強者成。

不矜細行，終毀大德。

——《處世懸鏡・識之卷一》

在開始介紹本章前，讓我先來說一個故事：

天使經常會來人間巡查，探訪人間的種種。有一次，某個大天使帶著小天使來凡間見習。

第一天，兩個天使扮成修行人士，他們敲了一個富豪家的門，商請可否借住在他家。富豪同意了，只不過明明他擁有整棟豪宅，以及好多個空房間，但他卻只讓兩位修行人士住在閣樓裡一間破爛的房間。

夜裡，小天使不斷抱怨著，這富豪好摳門，大天使則靜靜的不說話。隔天他們準備要離開時，大天使交辦小天使：「看到沒？這個房間牆上有個洞，你把那個洞填平吧！」小天使遵照辦理，之後他們告別富豪，行前還是禮貌性的道謝，富豪則是愛理不理的樣子。

第二天，兩個天使同樣扮成修行人士，這回來到一個貧窮人家，這家人有夫妻倆及一子一女，他們的房子很小，四個人住起來很擁擠。但即便如此，他們仍讓出最好的房間給兩位修行人士住。

夜裡，小天使不住稱讚這家人，大天使仍然不說話，似乎神遊到什麼地方。第二天一早，兩人向主人翁告辭，卻看

見那對夫妻紅著眼，原來是這個家唯一的女兒夜裡過世了。

　　走在路上，跟在大天使後面的小天使，看著大天使一路默默無語。他越想越憤憤不平，不禁問大天使說：「大天使，我很願意遵守你的領導，但這兩天下來，有些事我實在看不慣，我們天使不是應該維持公平正義嗎？可是，結果我看到的不是這樣子。」

　　大天使停下腳步，回過頭來反問：「哦！你倒是說說，你看到的是什麼情況？」

　　小天使有點激動的說：「這不是很明顯嗎？第一天，那個富豪明明那麼小氣，結果我們不但禮貌對他，你還要我幫他補牆。第二天那個貧苦人家對我們那麼好，結果換得的卻是他們的女兒死掉，這太不公平了吧？」

　　大天使語氣平和的說：「今天，就跟你上一課吧！你知道嗎？那個富豪雖住豪宅，但財產已經快花完了，其實他不知道他的祖先收藏了一批備用黃金，就在閣樓的牆壁後面。他過往從不清理閣樓，所以都沒看到，而今我讓你把那洞補起來，他就永遠找不到那批黃金了。」

　　「至於貧苦人家，你也有所不知，昨夜死神來敲門，原

本是要帶走他們全家，那是他們無法逃過的一劫。但我以天使的身分懇求死神開恩，劫躲不過，但請祂只帶走一個人。所以就選了最小的孩子帶走，至少夫妻還有個兒子可以傳宗接代。」

小天使聽了才恍然大悟。

今天，我們每天生活的遭遇，是不是同樣也會有很多我們表面上看是什麼狀況，實際上，卻可能另有內情呢？

🌱 如果碰到不公不義？

提起不公不義，有時候讓人邊講邊恨得牙癢癢的。這類的事情每天都在發生，許多時候是在身邊周遭，例如覺得某個主管處置不公，或看到某個鄰居爸爸打小孩；更多時候，是針對自己根本不認識的人，好比說，看新聞知道發生某某事件、男女吵架、某個男生真的是人渣，或某某年輕人欺負老人家等等，然後甚至發生司法未判、鄉民先判的情事，這就是所謂「鄉民的正義」。

但這裡想要問兩個關鍵問題：

第一，你認為的正義，是以什麼做標準？

第二，你所知道的事情或所看到的景象，就是真相嗎？

我們總以為自己的內心充滿正義感，殊不知，我們的正義，大部分是「自以為是」的正義。如果說「眼見不一定為憑」，那就更別說其他什麼「聽說」、「據說」、「媒體說」、「網路說」等等。

許多時候，我們最好還是做好自己的本分，針對自己確定的此時此刻，努力付出，而不要隨著謠言起舞。例如，在公司工作，邊執行一項計畫，聽到有人說老闆好像想裁撤某某部門，因此，手中的計畫就不想做了，心想反正要被裁員了，最終才知道這是謠言，但過程中你已耽誤進度。

另一種常見的情況，一個團體的環境裡，有人認為這裡賞罰不公，反正多做多錯、少做少錯、不做不錯，於是自己也受到影響，變得偷懶起來。

只有意志不堅的人，才會輕易受到影響。

當我們站穩自己腳步，堅守自己的能量，抱持著奉獻付出做好自己本分的心，就不會被外界牽著走。

　　但有人因此要問，難道我們不需要正義感嗎？當看到有人欺負弱小，我們要裝作沒看見嗎？

　　其實，明辨是非、審慎行事，絕不代表獨善其身，更不代表冷漠無情。我所強調的，當你是事情的主角之一，好比你是某個謠言的核心人物，你要能做到堅定自己志向，不輕易被動搖；而當你是第三者，好比說走在路上看到有人欺負弱小，你也該同時具備冷靜的腦與靈活的應變，而非一碰到事情就橫衝直撞的一頭熱作法。

　　當我們看到好比說大人打小孩，我們應該適度「關心」，但絕非立刻衝過去打人（因為可能是小孩偷東西屢勸不聽，爸爸生氣地在教訓孩子）；在公司裡我們聽到各種謠言，如果這件事你覺得影響你工作了，與其坐在那邊心神不寧的猜測，不如直接去釐清事實。

　　當心中有著正能量，就不會怕東怕西，你可以勇敢的去找老闆，報告聽說有某個傳聞，如果這傳聞並非屬實，建議老闆是否公開宣布闢謠。

🌱 如果碰到傷害損失？

當然，人非聖賢，有時候難免被蒙蔽。好比說，的確有人因為太善良了，借錢給別人，但對方本就無意歸還，拿到錢就遠走高飛。像是這樣的情形要怎麼處理呢？難道還是要一味的當善人嗎？

是的，如果一個原則因為碰到某件事就改變立場，那就不叫原則了。**我們當然要繼續做善人，繼續存善心。**

其實，這也是跟能量強弱有關，當一個人具備足夠的能量，就不會被蒙蔽，他自然可以在某人接近時，感覺到這人的心術不正，或者碰到某個狀況，感知到某種不對。故事裡不是常常形容某人「嗅出空氣中有某種不對勁」嗎？具備足夠能量的人，就能夠更清楚的看事情。

世界上有各種人，其中也有以騙取財物維生的人，姑且不論他們是因為環境所迫或者內心太貪婪，整個被貪念蒙蔽，但不論如何，我們都難免會遇到這類的人，那麼該如何因應呢？

我本身也曾發生過類似的事，雖然我經營事業好多年，

閱人無數，但很多時候，存心想騙錢的人，真的很善於偽裝。我那回參與一個公益投資案，後來證實那是個假投資案，我的錢拿出去，就收不回來了。

　　有人問我：「所以老師你應該會很生氣吧！會很恨那個人吧！」我回答：「不！你錯了，過去就過去了，我從不對已經無法改變的事浪費太多心神，就將焦點放在未來吧！」

　　「但你被騙錢了耶！」

　　我鄭重的回答：

1. 以信念來說，我很肯定在拿出錢的那一刻，我想做的是善事。至於後來事態的發展，已經轉為他人的行為了。我可以保證自己的出發點是良善的，但我無法掌控他的惡。

2. 我願意承認當下做了一個錯誤的決定，但這是我自己識人不明，怨懟他人也無法改變事實。我接受我的這個狀態，並且讓心歸於平靜，繼續往前走。

3. 個人有個人承擔的業，以更白話來說，就是個人有個人的責任。那個人做出不義的事，自然會有他自己的果報。至少以現實層面來說，他將來就再也得不到我以

及我周遭朋友對他的信任，也不會再參與他的案子了，這就是他的果報。

另有一次，我的朋友告訴我，有個機會可以用便宜的機票參與一個旅行團，那是很優惠的價格，我也把好康的事分享給許多朋友，大家都要報名這個團。結果等到我們的錢付了出去，對方承辦的代理商收錢之後，就再也聯絡不到人，原來是個詐騙事件，我那個朋友表示他也很懊惱，他自己也是受害者。

針對這次事情，我立即的反應是，所有的懊惱、抱歉、生氣等等情緒都不是當務之急，我第一要務就是要處理事情。收錢的人跑了，但旅行團本身是真的，我的做法是直接連絡旅行社，我不僅要支付自己的款項，還要代其他受我邀請的朋友支付款項，等於我一個人負擔一整團人的旅費。

儘管如此，但至少讓整個旅行團最終可以成行，我的觀念是，損害就到我為止，我是分享優惠給朋友的人，我有責任對他們負責，至於我朋友沒對我負責，我也選擇原諒，同樣那句話，**個人造業個人擔**。

這次事件，我就把它當成一種教訓，日後我付錢會更加

審慎仔細。也許這回我損失了幾十萬元，卻換得日後我少虧了幾百萬元，這說不定是件好事。

多年來我經常投入慈善事業，在許多地方捐錢或協助愛心公益。例如 2018 年，我去一間佛寺參拜，當場並發願要捐贈兩隻石獅子。但我的做法不是拿一筆錢捐出去，之後等石獅子做好再來拍照留念。

我選擇的做法是，既然要捐石獅子，就真的捐石獅子，我親自去物色工匠及石材，並由我督工監造，整個費用也比當初要直接捐錢的金額少，同時一方面既能達成捐贈石獅子的目的，一方面也因為我參與施工的時間多，更能顯出我的虔誠。

這就是一種用心，能量在我，就能讓心更堅定清明。

定 **靜** 安 慮 得

| 第二部 |

尋覓那股內心的能量

第六章　定位，是一切的關鍵

第七章　自我覺察與能量

第八章　能量的境界與影響力

第九章　試著打開自身封閉的瓶子

第十章　世界不只是你眼中的世界

定位，是一切的關鍵

起諸善法本是幻，造諸惡業亦是幻。

身如聚沫心如風，幻出無根無實性。

——《過去七佛傳法偈》

　　有句話說：「人生如戲，戲如人生。」這用來形容我們的生命及生活，其實也非常貼切。

　　例如這個週末，我帶著家人一起去看電影，看的是風靡全球的漫威英雄系列。該集描述這些各自擁有龐大能力、也都受人敬佩的英雄們，為了該如何保護地球的理念不同，最後竟分成兩邊，彼此打了起來。

　　原本大家都是想要拯救世界的英雄，怎麼到頭來卻成了敵對雙方呢？故事裡，沒有誰對誰錯，各方都有他們的堅持，而坐在戲院中的我們，只看著聲光效果中，強強對碰，高來高去的，不知道該為哪方加油？

　　然後猛然驚覺，其實我們的生活不也正是這樣？我們先設定一個標準，然後把自己投射。看球賽，我們支持某一隊；穿衣購物，我們指定某個品牌；應對進退，我們選擇一種價值判斷。好比說，在東亞大部分地方，儒家思想被視為生活中行為舉止的依據。

　　但這些依據就一定對嗎？如果有一天，我們發現全心信賴的對象卻只是幻象，我們會不會立即崩潰？

　　實際案例，有號稱神通廣大、擁有萬千信徒的宗師，後

來被揭穿，只是個招搖撞騙的神棍。但即便證據確鑿，當事人也入了法網，仍有諸多信徒們選擇說這是種迫害。原因不在於他們無知蒙昧，而在於與其接受殘酷的事實，讓自己跌入失落深淵，他寧願繼續作夢，這樣日子會好過一點。

本章，讓我們從「定位」開始講起。

🌱 找出人生中「定」的涵義

《大學》裡說到的「定、靜、安、慮、得」，是一種自我修練精進的境界。所謂「知止而后有定，定而后能靜」，用白話來說，原本意思是「確認學習的方向後，就能堅定立場，堅定立場後就能獲得寧靜」，但套用在人生的境界裡，簡單說，一個人要找到自己的「定位」，才能「平心靜氣」的投入他的事業。

舉例來說，今天你去到某個陌生的國家旅行，剛走下遊覽觀光巴士的你，突然處在一個人聲雜沓的市場，彼時的你一定內心慌張不安。首先第一件事，你要透過站牌或附近地標，確認這裡是哪裡，一旦你終於看到市場上有個大大的標

示，原來這裡是「東大門市場」，找到定位後的你，接著就可以用手機 Google，搜尋周邊的風景地區，然後規劃接著要走的路線。這樣的你當然已經不再驚慌失措，定位讓你可以用平靜的心，繼續後面的行程。

　　套用到我們的人生，為什麼許多人生活慌慌張張、遇事惶惑，就算是有錢人，也依然時常會感到空虛無助。那就可以假想他就像那個站在陌生國度市場的旅人，只是大部分這樣的旅人，都還沒找到自己的定位，更遑論說找出路了。

　　因此，每當有學生去問輔導老師：「我該何去何從？」或者現代人也常覺得自己想找人「談談」，因為已經迷失在生活的叢林中。

　　標準答案絕不會是告訴他應該怎樣怎樣，

　　如果是這樣，代表的只是「老師的答案」，

　　但老師的答案，卻不一定正好是適用在學生的答案。

　　正確的做法，應該先找到定位。

　　知道你「在哪裡」，再來問「去哪裡」。

這世間我們翻開許多的書，都在告訴你「去哪裡」。

◆ 有理財致富的書，告訴你怎麼賺錢？

◆ 有人生勵志的書，告訴你該怎麼奮發圖強？

◆ 有愛情指南的書，告訴你該如何吸引異性？

◆ 有生涯規劃的書，告訴你該如何選擇職業？

為何許多人書讀了仍然一片茫然，最後責怪「盡信書，不如無書」？或許那就是因為定位沒確認，一切都是空茫。

但「定位」到底是什麼？畢竟我們又不是在開車，需要GPS 指南，也不是在做廣告行銷，需要確認產品屬性。所謂人生的定位，到底是什麼意思呢？

🌱 遊戲與人生

如同有人提到開車，光是「開車」的定位就有很多種。例如，開車在路上，要確認 GPS 定位，這樣汽車導航會指引你如何到目的地。而汽車本身，好比說是國產車還是進口

車，是商用車還是休旅車，也是另一種定位。同時，我們開車去哪裡，是要去旅行還是拜訪客戶，或者純粹心情不好四處亂兜風？這些都是定位。

無論是哪一種定位，如果這一步沒做好，肯定後面都會做不好。

但回歸到我們每個人，要如何「定位」呢？用更白話一點來問，應該就是「我該如何知道自己現在情況是怎樣？」因為要知道「現在是怎樣」，我才好「踏出下一步」。

就讓我們用一個簡單易懂的比喻，來介紹「定位」吧！對現在年輕人來說，應該沒有人不懂線上遊戲吧！就算是中老年人，大約只要四、五〇年代以後出生的，也都或多或少接觸過所謂「電玩」。

所謂定位，簡單區分，有兩種層級：

第一層：角色定位

遊戲裡不是有各種角色嗎？有人選擇當法師，有人選擇當武士，有人當魔法師等等。而配合不同的「職業」，遊戲中被賦予的數值也不同，這些數值包括「經驗值」、「能量

值」、「生命值」、「戰鬥力」、「防禦力」等等，或者簡稱 LV、MP、HP……等等。

　　想像在現代社會，每個人都該有其扮演的角色，很多人不知道自己的角色，就好比在遊戲中，連該選擇什麼職業都不知道，遊戲根本就進行不下去。更多人搞不清楚自己角色的特性，於是糟蹋了很多天賦的優勢，卻汲汲營營去追求不能為自己加分的東西。

　　好比說，看到很多同伴去爭搶一個寶物叫做「神弓」，你也跟著去搶，但實際上，弓箭是射手的配備，卻對戰士一點用都沒有。辛苦半天得不到好處，戰鬥力變弱被打爆，於是怨天尤人。

　　在現實生活裡，這只是最低階的定位。但如果連這樣的定位都做不好，那就會生活悽慘，工作不順、感情不順、人際關係及生活種種層面都不順。

第二層：生命定位

　　我們是否聽過對「浮世眾生」的感慨，例如有人站在高樓大廈，或從飛機窗外看著城市裡的人，不禁感慨，原來我

們看芸芸眾生的感覺，就好比我們蹲在地上看著螞蟻辛勞一樣。殊不知，身為人類的我們，只要一腳就可以破壞蟻族的生態，而站在高樓看人類，也只是看到人類的渺小。

然而，所謂定位，不是一種以「高高在上」的角度看人生的感覺，那樣似乎有些把自己神格化，但多半的結果，只是消極的「感知生命渺小」，這樣其實是很負面的思維。

延續前面電玩的案例，所謂生命定位，就是讓我們回歸到「玩電玩的那個人」，你是誰？你原來不是什麼「戰士」、「魔法師」，你原來是超越整個遊戲的一個人。也只有當這樣的超脫，你才能綜觀全局，不會只是「遊戲裡的一顆棋子」。

但談起人生，難道是要我們看清真相、脫離紅塵嗎？那是宗教領域的境界，這裡我要告訴讀者的，毋寧仍是「入世」的。回歸到遊戲的比喻，我們認清自己的定位，知道自己超越遊戲後，我依然還是可以投入遊戲，而非轉身離去。

那些轉身離去的人，也許可以說像是有一些出家和尚，但實際上不能單純這樣詮釋，不過大意類似如此沒錯。而我們了解自己在玩遊戲，真正該做的，還是要全心投入你的世

界，只不過這樣的你，已經具備更清楚的自我認知。

如同一開始我所提到的「能量」與感知，遊戲中的角色只有遊戲賦予有限的生命力，但遊戲外的你，則是擁有掌控整個遊戲的能量。

然而具體來說，我們如何掌控這種能量呢？下一章就來談自我覺察。

第七章
自我覺察與能量

横看成嶺側成峰，遠近高低各不同。
不識廬山真面目，只緣身在此山中。

──宋 · 蘇軾《題西林壁》

定位的關鍵，不假外求，定位，就必須從自己著手。

如果有一個方法，可以讓你獲得領悟，讓你得到生命的解答，為何不去做？如果這個方法不假外求，不需要攀登高峰求教仙人，也不需要通過重重考試，有生命的解藥，為何不立刻服用？

定位，是我們生命中獲得真正快樂、讓人生有清晰脈絡的根本。定位明明可以從自己著手，但大部分人卻終身無法摸透？為什麼呢？

如同前一章所舉的電玩案例，假定你的遊戲角色是個戰士，你想找到提升自己能力的方法，否則你只是一關又一關的打怪，但升等非常慢。

所以你該怎麼「找到定位」呢？每一位讀者，由於你現在是閱讀本書的第三者，因此可以清楚知道，真正的答案不在角色本身，而在於那個「打電玩的人」，只有那個打電玩的人，才能真正掌控那個角色。

回歸到自身，我們該如何認出那個「打電玩的人」，也就是那個真正的「自我」呢？拚命尋找是沒有用的，因為你仍侷限在那個角色，真正的做法是靠「自我覺察」。

本章，就來談談如何自我覺察。

🌱 你的生命之瓶

　　想像你手中有一個保溫瓶，那個瓶子裡頭有什麼你不知道，你必須打開蓋子倒出來才知道。而假定有個神仙說要給你瓊漿玉液，他想倒給你，你也把瓶子獻上去了，結果瓶蓋沒打開，可想而知，任何外界的東西都無法倒進去。另外，就算瓶蓋有打開，若原本瓶子裡的東西沒倒掉，同樣也無法倒進去。

　　談起自我覺察，就可以這樣比喻。

　　你，就是那個保溫瓶，
　　裡面可能裝著過往以來累積的憤恨、怨懟、偏見，
　　這樣的你因為裝著滿滿的負面能量，因此天天不快樂。

　　於是你四處拜求明師，你去上課，去聽演講，去做種種的自我提升訓練。但最終你還是覺得不快樂，為什麼？因為

你從來沒有想要打開瓶蓋，也就是你從來不先去探索自己，也不知道自己的狀態是什麼，所以學習總是徒勞無功，然後失落。

「自我覺察」是每個人一生重要的課題，但必須靠自己去體悟。有的人，例如我，是在小學時代因緣際會感知到天地間的能量，那時我看透自己的本質是與宇宙一體的。而更多的人則是在成長過程中，經由一定的自我省思，找到自己的不足。

可以這麼形容，每個人像是一個瓶子，可能瓶身大小不同，例如天生就比較聰穎、智商高、背景好，可能就代表大瓶子，相對的，資質差或出身不好的人，就是小瓶子。

大瓶子的容量當然比較大，擁有更多的內涵，可能一生也比較平順。實務上，的確有許多的人，他可能是個地方鄉紳，或是個段實的生意人，他人生可能經歷過些困惑，但大體來說，這一生事業、家庭都還算過得去。這部分牽涉到命運，雖然不一定要談什麼輪迴或因果報應，但的確有的人感覺比較有福報，他的命會比較好。

而人們真正敬佩的是那種，本身命不好但卻能走出一番

格局的。那就有賴自我領悟，讓自己跳脫瓶子的宿命，可能從小瓶子變成大瓶子。

但這裡我要強調的，無論是大瓶子或小瓶子，容量都有限。或許某甲是個大瓶子，他的容量是某乙的五倍。相差五倍那當然差距很大，這個局面怎麼改變呢？某乙再怎麼補充內容，也無法超越某甲。但其實他只要做一件事就好，也就是打開瓶蓋，與宇宙融合。

是的，自我覺察就像這樣，你原本的能量來源，就只限於瓶子內有限的內容，但當你自我覺察後，你的內容物和外界是連在一起的，你的空氣含量，原本是 500cc，現在你的空氣連接到整個大氣層，那就是近乎無限的。

因此，某乙不但可以比某甲擁有更強的能量，就算有一千個、一萬個某甲加起來，某乙能量還是可以超越，因為他等同於宇宙的能量。

這樣的境界，當然有賴修為。

首先第一步，還是要從自我覺察：先找到那個瓶蓋，打開來審視自己開始。

在那之前，讓我們先來談談能量。

🌱 為何你是那個被影響的人？

在前幾章，我曾經談到，我因為體悟到宇宙的能量，因此改變了我生活。這裡，針對每個想要提升自己的人，我再來闡述能量與你我的關係。

提起能量，若覺這兩個字太抽象，甚至有點奇幻，就來提一個常用的詞，叫做「意志力」。

不過意志力並不等於能量，事實上，意志力只是能量展現的一小部分。但單單以意志力來解釋，就可以讓讀者感知到能量是什麼。

曾經有個母親，她身材單薄，也沒受過什麼特訓，基本上，只是個普通的中年婦女，家中開個小雜貨店。有一次碰到大火，火勢燃燒迅速，屋梁倒塌，壓垮冰箱，進而壓到一旁的嬰兒車。在情況危急的時刻，母親衝進去一把抬起冰箱，抱起嬰兒車立刻往外逃，在房屋崩塌後，當她心有餘悸的看著火場。事後回想，那臺冰箱很重，兩個成年人也抬不動，她當時是怎麼搬動的？

另一個例子，是我有一個企業家朋友，他是一家直銷公

司的總裁，曾經罹癌並且已經到了末期，但最終靠著內心信念，改變生活作息、冥想以及擁有好的心情，癌症後來竟然奇蹟似的消失，至今 26 年了，都沒有再復發。

類似的案例我也聽過很多，有人批評談這個不科學，這裡我也不是鼓勵生病的人不要看醫師，我只是闡述，能量是種很不可思議的⋯⋯東西。不可明之，但其實卻真的存在。

現實生活中，為何有人容易心情不好，容易被「帶壞」，容易被「欺負」？

我總告訴學生，**做任何事若總是依賴大人保護，依賴法律保護，或依賴什麼正義的一方來救你，那都是不切實際的。真正的作法，應該是增加自己的能量。**

為什麼一個人被欺負，先不要去責罵那些欺負人的「壞人」，而要去反省兩件事：

1. 你為什麼會吸引壞人來接近你？是因為你身上的負能量，對接的就是負面的勢力。

2. 你為什麼被欺負，只能求救只能發抖？因為你本身沒有

可以抗衡的正能量。

包括世間種種的，小自學校的霸凌，大至成人被黑道脅迫，都攸關於自身的能量。例如一個人欠債跑路，後來被黑道挾持，他當下只是腳軟，因為他本身就行為不端，沒有能量。相對的，所謂「義正嚴詞」、「正義凜然」，就算面對寡不敵眾，也自有一股氣勢。

若不談那麼極端的狀況，就談談每個人的日常好了。

◆ 為什麼你聽到一些閒言閒語，就心情不好？

◆ 為什麼在外面跟人講話，你就是沒有分量，沒有人在乎你？

◆ 為什麼處在任何場域，你看起來就是要接受別人指揮的樣子，而不會有人把你當領導人？

◆ 為什麼你總是受委屈、被欺負、走楣運、「什麼好事都輪不到你」的人。

不要把一切責怪到命運上，問題的關鍵，就是你自己。

請記住本章的結論：

這世間的定律，能量大的影響能量小的。

任何的互動都跟能量有關，你要改變劣勢，

唯一的方法，就是提升自己的能量。

第八章

能量的境界與影響力

北冥有魚，其名為鯤。

鯤之大，不知其幾千里也。

化而為鳥，其名為鵬。

鵬之背，不知其幾千里也；

怒而飛，其翼若垂天之雲。

是鳥也，海運則將徙於南冥。

南冥者，天池也。

——《莊子・逍遙遊》

　　自我覺察，帶來的影響是很大的。

　　其改變不是以倍數計，也不是以平方計，改變其實就是全然的兩種不同境界。自我覺察後的一個人，其認知到自己的內心原來可以與宇宙連結，就好像原本兩臺機器裝上電池，比拚誰的耐力久、動力大。

　　但無論裝上什麼牌子的電池，終有耗盡的一天，而自我覺察帶來的能量，就好比機器被插上了電源，有著源源不絕的電力，永遠不需擔心電力耗竭。

　　關於能量帶給我們的種種影響，本章再從另一個角度來闡述。

能量創造影響力

　　若要比較兩種力的大小，看重的不應該是硬邦邦的力量，而該看的是「影響力」。

　　好比說，我們拿著一塊磁石，放在一個鐵板的旁邊，那塊鐵板比那塊磁石大上許多，但兩個放在一起一段時間後，結局卻是，磁石去影響到那塊鐵板。人與人相處也是如此，

不是拳頭大、聲音大的人贏，而是要看誰有影響力。

許多的家長擔心孩子學壞，的確，若孩子整天跟著一群不良少年鬼混，久而久之就會變壞。因為孩子的能量太小了，處在容易被影響的地位。但有句成語「出汙泥而不染」，形容的是相反的狀態，如果自己的能量夠強，就算處在很糟的環境也不受影響。

以這樣角度來看，那些上班時總愛怪公司環境不好，或做生意的人抱怨景氣不佳，所有把自身沒能做出優異表現，都歸咎於外界的人，就等於在宣告「我是個沒能量的人」。因此，你天生就是要受外界所影響。以長長的一生來看，也就是自甘淪為有能者的「附庸」。

某種角度來說，
一個人的所謂成長，
其實就是指「能量」的成長。

隨著年紀漸大，一個人若能增長閱歷，並且時時省思自己，那就可以改變自我的境界。反過來，一個人隨著時間增

長，若除了年資變多以及身體變老外，內在能量沒有提升，那就是比較傷感的事。

能量提升，境界就會提升。就如同鴻鵠小時候，視野只是牠所處的鳥窩，一旦長成就可以遨遊於天際，看到真正遼闊的世界。

我小的時候，當時還沒有當兵，我人生的願望，只要年收入可以達到五十萬元，就算很滿足了。之後當完兵也退伍，有了社會歷練，我的願望變成年收入要有一百萬元。

而隨著我的成長體悟，我格局也越來越大。那改變不是倍數，而是更大的拓展。例如我不是從年收一百萬元挑戰年收兩百萬元，而是已經提升到年收上億元的境界。

一百萬元？我現在光做一個慈善捐款，可能就可以捐出一、兩千萬元了。這時候的格局以及內在相應的能量，自是不可同日而語。但把時間倒退十年，那時候如果我跟人們說，我想要年收至少一億元，不要說沒人相信，我自己也不會相信。

能量就是這樣子，一般人除非自己親自融入，要靠自我覺察，而非任何其他人的力量。原來，找到這股能量，並釋

放這股能量，就可以帶來很大的影響力。

🌱 怎樣傳達影響力？

到底誰才可以擁有影響力呢？

既然人人都是一個瓶子，每個瓶子也都可以打開，和宇宙能量對流，理論上，每個人都可以找到巨大的能量。

並且必須要說，宇宙是無限的，宇宙是所有能量及所有思維的連接。這連接並沒有對跟錯。所以不要想像有個審判者，評判誰是好人誰是壞人，以為某甲跟某乙競爭，某甲因為「站在公理的一方」，所以上天會幫助他。

第一，什麼叫做「公理的一方」？很多時候這只是自我判斷，但並非是世間公理。也許你認為對的，並不一定代表是普世的價值。

第二，宇宙能量只是一視同仁的存在，能量可以和您連接，但能量並不能高高在上審判誰。

某甲和某乙若有競爭，最後比的不是上天站在誰那邊，而是誰能夠展現更大的能量。

某方面來說，有所謂正能量，當然也有所謂負能量，的確世間也有那種影響力極大，但本身很負面的人，例如二戰時代的希特勒。但基本上，自我覺察者，一定是能夠感受到更多美善的人，這樣的人才會有比較大的格局。

而提起能量，有人會聯想到，一個人既然擁有大的能量，他就可以去幫助很多人，為何有能者不去幫助許多人呢？所謂「普渡眾生」，不正是此意？

實際上，身為凡人，我們一方面不敢以濟世者自居，再一方面，這樣的事也不可能發生，因為人壽有限。曾經有人問我，為何我不去主動幫助所有處在悲慘狀況下的人？我的回答是，我經常透過演講的方式宣導我的理念，這就是幫助人，任何一場演講，即便全場上千人中最終只有一個人領悟，並且人生有了改變，我也就值得了。

所謂影響，絕不像是武俠小說中，功力高深的可以「傳輸內力」給人。

能量必須靠自我覺察，

只有自己可以救得了自己。

因此芸芸眾生，

即便我走在一群需要引導的人中間，

我也無法一個一個去創造影響力，

我們只能等到有人主動表示他需要幫忙時，

才能伸出援手。

所謂「佛渡有緣人」，

我們只能幫助那些想要「自我覺察」的人，

給他指引。

舉例來說，走在路上時，突然看到一個男子正在怒罵一個女子，甚至後來賞她一巴掌，我會去當正義的護花使者嗎？我不會，除非是有人持刀搶劫，或是女方非常恐懼發出求救聲音。

一個越有能者就越該知道，每個人有自己該修的功課。我們不該以自己的價值判斷別人的是非，那對男女可能是夫妻吵架，我不知道吵架的背景，甚至也不清楚他們的真正關

係。我們不去干涉別人，但如果有機會，好比說這對吵架的
人就住在我家隔壁，我會透過平常聊天互動，引導那個男的
跟我溝通，這中間就能散發影響力。

　　介紹到此，相信讀者也很好奇，到底該如何自我覺察？
我如何打開我自身的瓶子，跟宇宙的能量連接呢？

　　這其實是個很大的課題，非一蹴可幾，但不論如何，
「**願意開始**」就是一個好的開始。下一章會做逐步闡述。

第九章

試著打開自身封閉的瓶子

其觸牙者，即言象形如萊茯根；

其觸耳者，言象如箕；

其觸頭者，言象如石；

其觸鼻者，言象如杵；

其觸腳者，言象如木臼；

其觸脊者，言象如床；

其觸腹者，言象如甕；

其觸尾者，言象如繩。

——《涅槃經》卷三十

　　自我覺察，不是一個解題的概念，不是上天給你一道方程式，你去解開謎題。也就是說，並沒有什麼標準答案，讓你去翻閱來抄襲。

　　自我覺察，也沒有一個具體的換算距離。好比說今天你在臺北，你想去高雄，這中間隔著很多城市，你每前進到一個城市，就離目標越近。自我覺察，也並不是這樣的概念。

　　自我覺察是很「個人」的，彼此差別很大，所以有個詞叫做「頓悟」，因為有人真的就像是「一夕間」達到了體悟，更多人則需要逐步地察覺，基本上，以我過往的觀察，通常必須要有一年的時間，才比較有個基本概念。之後可能就依不同人的體悟，每個人後來獲致的境界不同。

　　若要有個比喻，自我覺察就像個泡泡，這世間充滿了泡泡，每個泡泡初始都是獨立的個體，但當你的泡泡變大，有一天會和旁邊的泡泡結合，甚至到某個臨界點，你的泡泡會瞬間「整合」周邊的所有泡泡，變成大泡泡。只有發展境界，但沒有「發展步驟」。

　　不像語文學習般，有什麼初階、中階、進階，但以某個角度來說，其實語言學習也是沒有境界的，只不過教育界為

了教學方便，才區分為各種階段。

　　到底該如何自我覺察，本章就帶領大家從第一步開始。

🌱 跳脫我執，擁抱自我覺察

　　所謂自我覺察，首先，當然再次提醒，你要找到你的定位。最基本的一件事，就是你「知道你想改變」。定位就是自我覺察最基本的事，也的確有很多人光這個步驟就要花長的時間。

　　舉例來說，你現在可以覺察自己嗎？很難，因為你可能心境混亂，忙碌一天下來，心浮氣躁的。你凡事只想到「自己」，你會問很多問題：

◆ 為什麼別人都不尊重我？

◆ 為什麼我做什麼事都不順？

◆ 為什麼我的成就比不上她？

◆ 為什麼我爭取不到那個獎盃？

　　有沒有發現，每件事都是以「我」為中心，這就是所謂的「我執」。

　　一個處在「我執」狀態的人，是無法自我覺察的。記得嗎？那個電玩的比喻，一個處在我執狀態的人，就好比一個戰士，處在一個關卡中，老是被打大魔王打敗，他很生氣，到後來都失去理智了，就是想要打死大魔王。但越氣動作越沒有章法，也就越失敗。

　　現實生活中，處在「我執」狀態的人，好比說公司裡兩個同事吵架，後來演變到動手互毆，為什麼？因為某甲講話侮辱人，為什麼他講話侮辱你？還有為什麼？他就是講話傷人啦！

　　但此時一個主管過來調解，具體了解原因。原來某甲和某乙對話，言談間某甲談到窮人比較沒教養，某乙覺得是在罵他，所以跟某甲對嗆，某甲被嗆也很不高興，就和某乙對罵，於是就這樣吵起來甚至打起來。

　　究其源頭，某甲講那句話時並沒有惡意，但某乙一方面人比較自卑，本身能量小，很容易受影響。一方面他也是典型的「我執」，只封閉在自己的狹小視野裡。所以別人一句話就很容易傷到他的「自尊心」。

「我執」的人正好是和「自我覺察」相反的人。

一個自我覺察者，會體諒到，

這世間每個人都是不同的個體，

你對某事的定義，不等同於他對某事的定義。

因為超然，所以願意包容，願意體諒。

這樣的人，當被人罵時，不會生氣，隨著對方的情緒起舞，他會認知到，他會罵我，因為他的認知被某個觀念所誤導。這樣的人，也不擔心被別人的大聲量影響。

好比說，在一個教室裡，某個學生被人誣指他是小偷，一個能量小的人，只會委屈的哭泣或結結巴巴的辯解。但一個能量強的人，就算不講話，光站起來就有種氣勢，他講起話也會字句鏗鏘有力：「說我偷東西，請拿出證據，否則你就是誣告，嚴重的話可以報警的。」

氣勢屬於誰？屬於有能量的人。

而自我覺察者，就能找到這樣的能量。

🌱 怎樣打開你的瓶蓋

具體來說，我們一個平凡人，該怎麼開始「自我覺察」呢？特別是如果沒有導師輔導，我們可以自己做到「自我覺察」嗎？

當然可以，我本身就是在小時候就已自我覺察。當然，每個人若可以有導師指導，那會是最佳的。本書的讀者將來若有任何體悟，也歡迎透過社群與我討論。

進入自我覺察的第一步。基本的做法，就是省思。

請注意，我說的是「省思」，而不是「反省」。我們可以發現，世人都愛反省，但少有省思。為什麼會反省，一定發生了某件事後才會反省。

◆ 這回考試數學我只考八十分，我要反省到底學習哪裡出問題了？

◆ 昨天我的女兒恨恨的跟我說，她討厭這個爸爸，我要反省我的教育出了什麼問題了？

◆ 參與都市公園的行銷提案，本公司敗陣了，我要帶領團隊反省，到底哪個環節出錯了？

　　反省，都是「事後」的事。反省，是個負面的詞，反省就是自責，就是挖出自己的缺點。但省思則不同，是要靠自發性的。

　　一個人通常不會有這樣的習慣，沒事就去思考自己的定位，但自我覺察就從這裡開始。

　　你可以在每天睡前，開始省思今天的種種。當然不是要你寫回憶錄，也不是胡思亂想。我們的每一天，總有一些事件，好比說，今天中午跟同事小美有點不愉快，她責怪我東西怎麼都亂放，我回嗆她，是誰規定要這麼放的？後來因為主管過來調解，我們才各自回去。

　　關於這件事，我怎麼「想」呢？

　　再次提醒，是省思，不是反省。我們沒有界定這件事情誰對誰錯，也請大家記得一個道理：

事情發生了就是發生了，

任何的懊悔及不滿都無濟於事，

重點是要看出這件事背後的意義。

　　我為何當時那麼不高興呢？現在想來，小美只是講一句話，我就好像被觸到什麼痛點般，反應很劇烈。我為什麼會這樣？仔細去思考，就會發現，那是源於我本身有強烈的不安全感，防衛心太重。為什麼防衛心太重？我在怕什麼？

　　問題不會立刻有答案，自我覺察不是一天兩天的事，也並非幾個月就可以達到。但每天的練習，會讓大家開始去思考種種的可能。

　　瓶蓋什麼時候打開，任何人都不能幫你打開。只有類似這樣不斷的省思，自己面對自己，最終才能「釋放」自己的心靈。

　　那時候，瓶蓋就打開了。

第十章

世界不只是你眼中的世界

老子之小仁義，非毀之也，其見者小也。

坐井而觀天，曰天小者，非天小也。

彼以煦煦為仁，孑孑為義，其小之也則宜。

其所謂道，道其所道，非吾所謂道也；

其所謂德，德其所德，非吾所謂德也。

凡吾所謂道德云者，

合仁與義言之也，天下之公言也。

老子之所謂道德云者，

去仁與義言之也，一人之私言也。

　　——韓愈《原道》

　　有句話說：「坐井觀天。」這不僅是形容一種視界狹小的概念，事實上，也代表著一種截然不同的境界，根本來說，井內和井外就是兩種世界。

　　讓我再講具體點，好比當我們形容一個人知識見解只有小學程度，另一個人則是大學程度，這樣說的時候，是一種比較的概念，也就是說，那位具備大學程度思維的人，比那位小學程度的人要懂得多，但此時若出現另外一位碩士程度的人，就又把那位大學程度的比下去了。

　　以上整個來看，就只是「比較」的概念，仍脫離不了在固定範疇內的無謂爭鬥。但「坐井觀天」不是這樣概念，當我們整個世界就是生活在井底，我們的世界就是井口那片天，我們的存亡也依賴這個井口，若有哪個不認識的外界人士把井口封了，井底的人只能坐以待斃。

　　然而一旦走出井外，那是一種整個全然不同的境界，絕不是「井外的人」比「井內的人」好這樣用比較級的思維。事實上，若有一個人從一出生就住在井底，某天他突然跑到井外，可能會因為腦袋成受不了強大的反差，當場就昏厥。

　　以上我要講的，我們每個人，其實也就是處在這種井底

和井外的對比。

🌱 從此讓自己不再是個井底之蛙

在此我也必須聲明，用井底井外對比來形容，絕對不是一種貶抑的意思。不是一種高文明狀態的人，嘲笑低文明狀態的概念。而是用最強烈的對比境界，來讓每個讀者認清生命的實項。

從下一篇起，我們要談到更深入的處世之道。而在此，我們先為「打開瓶蓋」這件事做總結。

當我們可以自我覺察，跳脫我執，那就是可以接受宇宙能量的「開始」。只是開始嗎？是的，很抱歉必須這麼說。

就好比我們從一輩子都只知道世界是一口井，
然後有一天透過書本或長老的告知，
知道原來井外有不同的世界，
但只是「知道」而已，你的人還依然坐在井底。

我們怎樣可以讓所謂的「覺察」進一步落實成為「人生新境」呢？

可以從這一刻開始。

從前你看到某某同事就覺得討厭，凡事要跟他比。因為你看不慣他老愛拍老闆的馬屁，並且因為他讓你的升遷之路多了一個絆腳石，你非常厭惡這個人，厭惡到希望這個人最好從世界上消失。

但當你覺察後，你就會發現，你只是一個井底之蛙，正對著另一隻井底之蛙生怨氣。有必要嗎？

你每天都在煩惱金錢問題，你擔心貸款繳不出來，你擔心孩子的補習費還得籌措。每當下班經過臺北市信義區，看到 101 大樓，就會欣羨，那些在美侖美奐大樓內上班的人，生活過得多好啊！你好嚮往。

當你覺察後，你就該發現，所謂的好生活以及「更好」的生活，當你的心沒打開，那就只不過是一個原本住在井底倒數第三階的人，想要爬升到井底倒數第二階的概念，怎麼爬都還是在井底。

這樣，你可以了解我的意思了嗎？

　　人生的覺察，不是從 A 變成 B，或者從 A 變到 A＋，那些都只是現實世界有限的遊戲規則。因為在你被封閉的瓶子，也就是你的井中，有所謂的從 A 到 Z 不同的等級。

　　然而，這世界不只 A、B、C、D、E……，還有甲、乙、丙、丁……，還有子、丑、寅、卯……，你也不必被困在 A、B、C、D、E，而是你可以同時擁有所有的元素，你還可以探索甲、乙、丙、丁以及各式各樣的世界，因為你已經打開你的瓶子了，你進入到宇宙整個大能量的世界。

　　所以，財富重要嗎？名利重要嗎？我沒有說不重要，但是當你看待它們的角度不同，你的境界就會變得不同。到那時，你可以「自然而然」擁有，而非想方設法甚至不擇手段的強求。

🌱 業務交流的兩種心法

　　打開瓶子後的你，怎麼看待世界呢？由於大部分的人都對「業務」很關心，也就是對「如何賣出商品，創造業績賺到錢」很關心，這裡我們就以這為例來說明。

一般尚未「自我覺察」的業務人員，他們做業務的思維，就如同前面講過的存在一種「我執」，存在一種目的性，坊間許多書籍也過度強化業務技巧，讓自己與客戶變成對立的個體。於是你是業務，你必須成功打開客戶心防，那是一種打仗術語，讓客戶被你說服就是「成功占領目標」。

但當我們真正覺察自己與宇宙的能量後，我們該怎麼做呢？可能有讀者會問：「老師，難道你要我們一切隨緣，就不用主動去開發業務了嗎？」

當然不是，如果我們的職務是業務，我們就要好好銷售我們的商品。但銷售只是一種自然的行為，因為對方有所需求，所以我們提供服務，就是這樣的概念。

但若不靠「業務技巧」，我們怎麼去讓客戶買單呢？

首先，上面這句話本身就錯了。

我們不該心裡想著「如何讓客戶買單」，

而該想著，我有一項好的商品或好的服務，

如果這個客戶願意使用，因此提升他的生活，

該有多好？

具體來說該怎麼做呢？以下有兩個和宇宙連結的重要心法：

第一：滿心歡喜的接近

這裡可以請讀者想像，你內心中一定有某個偶像吧！好比說是某個藝人或某個企業家，假定是某某歌手，當有一天，你偶然去某間飯店附設咖啡廳拜訪朋友，然後一轉身突然看到那個你熟到不能再熟的影子，那個你朝思暮想最崇拜的某某歌手，此刻就正坐在咖啡廳一角，戴著鴨舌帽，低調的一個人看書。

千載難逢的，甚至可能一生只有一次的機會，你當然不會錯過，你會上前去簡單打個招呼，在不太打擾她的前提下，和她訴說你的崇拜，要個簽名，以及兩人拍個照，相信花個五分鐘，那位歌手是不會拒絕的，而你將滿心欣喜的帶著美麗記憶回家。

請問這樣的過程，你有抱著銷售的心嗎？你有想賺錢嗎？但以結局來說，你是不是得到很大的滿足，一種無與倫比的快樂？

現在，假定你可以在面對陌生客人時也抱著這樣的心，你就是「滿心期待」的想去認識她，想表達你的關懷或仰慕，這樣對方會覺得你在銷售而拒你於千里之外嗎？

第二：心心相印的連結

其實，宇宙一直存在著，就好比對井底之蛙來說，在他的世界雖然天空很小，但天空不會因為他認為很小就真的很小。宇宙也是一直存在，並且持續影響你我。所以任何人，就算人人都沒有打開心中的瓶子，他還是沐浴在宇宙的能量裡，只是他不懂去覺察而已。

即便如此，有一種感覺你我都熟悉的，各位想想，是不是有時候，明明原本不認識某個人，但我們就是跟對方很「投緣」。或者，走在路上，迎面看到不同的陌生人，有的人會帶給你莫名的好感，有的人卻會讓你有種發自內心的排斥感。其實人與人間，有所謂的緣分，這緣分，就是一種能量的相斥相吸。

當我們做業務開發時，我們也該找有「緣分」的人。或許有的讀者會反對，認為所謂業務，不就是要「設法讓所有

人變成我的客戶」嗎？為何還要做區分？

　　但實際上，人的時間有限，以街頭陌生行銷來說，與其不分青紅皂白看到有人經過就拉過來強迫推銷，帶來反感，不如「感覺先行」，有些人你就是跟他第一眼就對上了。好比走在路上，我們禮貌性的向面對面而來的陌生人微笑，百分之九十以上，對方也會不由自主的對你微笑。

　　當我們做業務銷售，也是要微笑待人，而且微笑要自然。既然微笑要自然，也就是發自真心，就必須要找我們喜歡的、感覺上投緣的人。

　　銷售的時候，我們看到投緣的人，主動去和對方分享彼此資源，有緣就可以建立交易關係；若這回沒實際交易，也可以互相留下聯絡資訊，有緣可以再續。

　　相對來說，一開始兩人間就「感覺不對」，你又何必只為了衝業績，就拉起臉虛偽的和對方搭訕想銷售產品呢？這就不符合宇宙的「自然」，也就無法接受到宇宙的能量。

　　而當我們能夠覺察自己的情況，打開封閉內心的瓶子，就更能體會這樣的心情。

　　總之，以業務為例，締結關係的觸媒，第一是欣喜的感覺，第二是親切的情緣。以此為前提，業務可以主動「放送能量」，對方也比較可以接受你的「頻率」，帶來成交的結局發展。

　　推而廣之，世間事，
　　所有牽涉到人與人間交流的道理，
　　舉凡業務銷售、公司倫理、家庭關係，人脈拓展，
　　統統都源自於此。

　　如今，打開瓶蓋後的你，就是離開井底世界的你，就是可以「真正」跟宇宙連結的你。只有站在這樣的基礎上，我們才可以談各種進階的人生快樂追求。

　　下一篇，讓我們進入「宇宙」的世界。

定靜**安**慮得

| 第三部 |

祕密背後的祕密

第十一章　如何跟宇宙下訂單

第十二章　自己就是小宇宙

第十三章　養氣與能量

第十四章　我就是一個能量體

第十五章　用正能量導引充沛實力

如何跟宇宙下訂單

人法地，地法天，

天法道，道法自然。

——老子《道德經》

如果我一開始就和各位讀者介紹，《祕密》這本書講的道理雖然正確，但卻只描述了一半的事實。讀者可能無法理解，甚至以為我是在踢館，因此，我必須先從最基礎的人本身的自我覺察談起，有了「定位」，這時候再來理解我要傳達的意思，就比較可以了悟。

讓我們一起來重新拜讀《祕密》這本書，想請問大家的理解是什麼呢？

依照我在課堂上的經驗，當我請教十個人時，可能有十個人都是這麼回答：「當我們誠心向宇宙下訂單，宇宙就會呼應我們。」

這句話其實當然沒錯，否則一本書也不會暢銷全世界。但我們是否也同時會看見身邊的人，大家都有一種感覺，那就是我們已經在向宇宙下訂單啊！

我們想要致富、想要實現夢想，我們已列出願望清單，但為何從那本書的出版到現在已經超過十年，世界各地的人們還是繼續處在種種抱怨中，處在經濟不景氣、處在害怕失業以及薪水永遠追不上物價的恐懼中？

本章，讓我們來真正認識《祕密》。

🌱 真的可以跟宇宙下訂單嗎？

當我們探討一個問題，先用理性，但也要包含靈性。

所謂理性，就是要符合邏輯，A 大於 B，B 大於 C，因此 A 大於 C。

但也不能全部以理性，那是因為人類本身文明的發展就有侷限，還在進行式中。若回歸到兩百年前，那時候人類甚至還不知道什麼叫做細菌，包括空氣的發現，也是十八世紀後的事。所以，不能因為科學的腳步尚未企及，就封閉我們的思維，以為世界就只是如此。

那麼以《祕密》來說，「向宇宙下訂單」這件事，聽起來就很不「科學」，這也是許多讀者閱讀該書後，只以「休閒好玩」的角度看看而已的原因。但如前所述，不能因為科學尚未發現，就代表沒這樣的事，畢竟事實上，的確有不同案例證明「心想事成」的力量。

重點在於，這所謂心想事成的背後機制是什麼？難道真的有一個上帝在天堂的辦公室裡，一邊接訂單，一邊指派各部門專員處理凡間小人物的願望？

　　我在很小的時候，就已經體悟到了天地間的道理，但那種開悟難以言傳。在此，我試著以讀者可以了解的方式，來闡述什麼是宇宙，以及為何這樣的宇宙，與我們每個人切身相關，為何「要打開自身的瓶子」才能與宇宙接軌？

　　以邏輯來分析，在日常生活中，我們要下訂單，流程是什麼？第一，我們當然要有想要買的商品；第二，我們要找到有在賣這種商品的地方；第三，這個賣商品的地方有個交易機制，也就是有一定的遊戲規則；第四，我們依照這個遊戲規則，好比說上網填寫個人資料，點選想買的商品，依照約定的價格去匯款，然後對方就會在一定期限內把貨送到府上，或送到你指定的便利商店。

　　那麼，跟宇宙下訂單，若依照這樣的邏輯，我們會碰到什麼問題？

★ 我們必須知道自己要什麼

　　很多人連自己要什麼都不清楚，所謂「清楚」，指的是明確的規格。例如有人對天發願：「我要變有錢人」。但什麼叫有錢人？有錢的定義是什麼？他自己也說不清楚。這樣

怎麼下單？就好比我們上購物網站，總不能說我要買冰箱人家就送冰箱來吧？你總得指定廠牌型號等等。

坊間許多的書，也將焦點放在這，這些書會教導讀者們，怎樣定義自己的願望。但只有如此夠嗎？

★ 我們要找到賣商品的地方

以本章要討論的，這個地方是什麼？不就是「宇宙」嗎？因為《祕密》就是要我們向「宇宙」下訂單，這也是我們下面會接著討論的，什麼是「宇宙」？那個宇宙位在什麼地方？為何我們確認這個宇宙，有販售「我們要的東西」？

★ 我們要了解交易的遊戲規則

這也是坊間許多書會試圖切入的地方，因為，許多的人，事實上是大部分的人，他們不滿意現在的生活，但即使讀過《祕密》這本書，生活也還是沒改善啊！訂單為何沒有下成呢？是哪個環節做錯了嗎？是根本與沒接收到訊息？還是我們做錯了什麼？但就算做錯什麼，也該有人出來指導一下啊！例如，應該要在夜間十二點的時候虔心祈禱才有效？

或者要齋戒三天三夜許願才有效？但都沒人告訴我們這些。

　　關於這部分，本章後續也會討論。

★ 我們要確認，是否真的做了就能得到？

　　談到最後，就是信仰問題了。相信許多的讀者，是以半信半疑的態度閱讀《祕密》這本書，如此，後來沒得到想要的結果，那些專家們也就可以振振有詞的說，是你們自己信念不夠，所以最後沒能成功，那也只是剛好而已。

　　是這樣嗎？畢竟這是科學無法企及的事，到底我們該如何看待，是把這件事當做在聽鄉野巫言傳說般，我們只是聽戲人，也注定永遠無法向宇宙下訂單。還是繼續半信半疑，希望可以許願，但內心深處卻總是懷疑這是什麼鬼？跟宇宙下訂單？騙誰啊？既想要又不夠認真。這該如何是好？

　　分析過人們的心境後，現在，我們就從「宇宙」談起。

🌱 什麼是宇宙？

為了說明方便，讓我們先與讀者有個共識，那就是我們要相信《祕密》這本書背後的深意，只不過我們有些基本理念沒搞懂，所以無法下成訂單。有了這樣的前提，我們再來繼續看下去。

> 宇宙的確可以帶給我們影響，
> 事實上，我們身上的能量是和宇宙相連的，
> 莫說財富，就算我們要與整個宇宙契合也都可以。
> 所以原則上，廣義定義裡，
> 我們的確可以跟宇宙下訂單。

這裡我們想像一個情況，把心中願望想像成一顆種子，一顆可以滿足願望的種子，我們可以把這種子丟在風裡，讓風把種子送到適合的土壤，最終可以長成夢想的大樹。問題是，如果我們還是一個井底蛙，我們就是住在井底，那如何把種子「丟進風裡」，如何找到生長大樹的土地？

我們若要向宇宙下訂單，

不是只站在原地就奢望天空給我們回應，

而是要先讓自己走出封閉的井，

也就是打開自己的瓶子。

我們可以看到身邊成千上萬的人，

都依然是處在自己原本封閉的井，

想向宇宙下訂單，無怪乎得不到結果。

就好像我們要搭火車去其他城市，必須先讓自己處在一個火車站，買票進站，而非一直站在自家客廳裡，以為光用想像的，就可以快速移動到其他城市。

但我們從所在的這個地方要去到另一個地方，需要「過程」，這個道理人人都該懂，例如我們都看到，一個小朋友要先學會爬，才逐漸會走，最終才能跑步一樣。

那麼為何在談到從自我覺察開始到修練自我的歷程，卻覺得自己成功可以一蹴可幾，只要簡單向宇宙下個訂單，財富幸福就到手呢？

幾千年前，老子的《道德經》就已傳達了生命以及宇宙

的智慧。

　　書中有云：「人法地，地法天，天法道，道法自然。」

　　每個人其實都是天地的一分子，本就與宇宙相連，若依照「自然」的情況，天地人是相連的。但後來為何不相連？因為每個人都把自己關在屬於自己的小宇宙裡，或者稱之為「潘朵拉的盒子」。

　　各位想想，當一個盒子都裝滿東西了，我們跟宇宙下訂單，有空間可以容得下嗎？那是不可能的。因此，本書前面導引我們做三件事：

1. **自我覺察**：先要知道，自己處在一個封閉的瓶子裡。
2. **自我定位**：知道自己的狀態，才可以做出下一步。
3. **釋放自己**：認清自己位置，覺察自己過往的無知。當發現自己的世界裝了滿滿的負能量，這正是過往不快樂的根源，於是我們就要懂得把負能量釋放出去。

　　讀者可以想像自己在一個瓶子裡，而瓶蓋是封住的，這樣即使瓶子處在一個充滿氧氣及香味的花園，但身在瓶內的

你卻感受不到任何氧氣及香味。因為瓶內與花園之間，有個瓶子阻礙。但只要打開瓶蓋，要吸收氧氣和香味簡單嗎？一點也不難，事實上，打開瓶蓋後，不需要做什麼，自然而然空氣就會進來。

談到這裡，我們就該知道所謂「吸引力法則」，重點不是我們發揮什麼念力，把財富「吸過來」。

相反的，我們打開瓶蓋後，要讓自己的空間往外拓展，當瓶內的空氣與瓶外相連，我們就能和宇宙相連。

相信此時讀者要問，到底這個宇宙是什麼？前面我們用充滿氧氣與香氣的花園來比喻，所以宇宙是個花園嗎？

宇宙，當然可以是座花園，宇宙，也可以是任何東西。

讓我們翻翻宇宙的定義，古人有云：「上下四方為宇，古往今來為宙。」12 個字簡單明瞭的說明一切，若要更簡單說明，宇宙就是「空間＋時間」。

基本上，宇宙就是無邊無際的空間與時間，因為無邊無際，所以什麼都沒有，所謂的「太空」，中國字非常傳神。但如同大家常聽過的「太極」，無中含有，有中又什麼都無，宇宙，就是什麼都沒有卻又擁有無限大能量的意境。

　　談起宇宙，又要來引用古人的智慧！所謂：「空不易色，色不易空。」就是萬法皆空，什麼都是空的，但又蘊含一切有形的存在。地球就是誕生在空無裡，卻擁有最燦爛形形色色的美麗世界。

　　到底如何跟一個「一切皆空」的宇宙下訂單呢？

　　下面接著來談我們和宇宙的關係。

第十二章

自己就是小宇宙

菩提本無樹，明鏡亦非臺，

本來無一物，何處惹塵埃。

——《六祖壇經》

　　許多時候，我們會處在一種二分法的世界裡。好比說，我們認為每天提著高級公事包，坐名車、擁豪宅，這類人追求富貴成就，這是一種境界。另一種人，可以坐看雲起時，賞花蒔木，在大自然中體會生命的禪思，這是另一種境界。

　　企業家或者智慧通透的人，都很好，但在人們認知裡，他們是兩個世界的人。某人是企業家，他就不會是禪師，現實生活中，也似乎如此。

　　但真的是如此嗎？

　　有沒有可能，所謂條條大路通羅馬，只要終點站是幸福，其他都只是不同的形式？也許那位禪師，脫下僧袍，他的另一個身分，就是某某企業集團總裁呢！

　　宇宙的背後道理是共通的，讓我們繼續再來談宇宙。

宇宙善意的根源

　　讓我們繼續結合邏輯與想像來討論事情。

　　想像一下，你面前有張桌子，簡單的木製桌子。透過這張桌子，你可以做很多事，包括處理文件、寫情書，以及累

的時候趴下去睡。這張桌子陪你很多年，回想起來，你現在的事業有成，甚至你追到現在的老婆，都有賴這張桌子呢！

有一天，桌子實在老舊，快垮了，內部也有蛀蟲，不堪用了。連送廢棄廠人家都不要，建議你直接把桌子燒了。於是就帶到戶外空曠處，把桌子整個燒掉。短短不到半小時，桌子沒了，只剩下一些木炭，這些木炭敲一敲也粉碎了，過了一天風吹雨打，連灰燼也都沒了。這個世上，跟這桌子有關的任何痕跡都找不到了。

所以，請問讀者，這張桌子存在嗎？

以科學來看，桌子已經不存在了，

甚至就算計算到最小的分子，

也都找不到了，完全的「空無」了。

但這桌子確實存在過，不只存在於歷史，

也存在於其影響力中。

具體而言，

就是你現在的事業和婚姻都跟這桌子有關。

所以是「無」還是「有」呢？

　　再談下去，似乎在論玄論禪了。

　　如同從前的人們不知道有「空氣」這種東西，覺得我們人類生活在「空無」中一般。即便到現在，我們以為處在虛空的場域裡，實際上，還是有種看不見的東西，那就叫做「能量」。

　　能量是非常抽象的存在，甚至超越語言的界線。例如我們現在談宇宙，談存在，所用的字眼，都是植基於我們有限的字彙。那張桌子「實體」不存在了，但肯定不是全然的空無，燃燒後的分子稀釋到風中，也轉化成大量的熱能融入宇宙的熵裡。

　　在無窮無盡的空間中，小小的桌子被稀釋，其結果可以說是空無。但說是不存在嗎？當然不是真的不存在。現在回過頭來談談每個人自身的瓶子，整個宇宙無窮無盡空間裡、無窮無盡的星球裡、無窮無盡的這些稀釋，化成能量，化成影響力，在你瓶蓋打開後，與你產生連結。

　　你知道嗎？既然桌子被燃燒後進入空無，這空無可以屬於不同的空間，不同的定義，所以我們以為抬頭望去的銀河系是宇宙，但其實那只是廣袤無涯的一小部分，而任何空無

可以企及的地方，都可以是宇宙。

事實上，我們每個人本身就是一個小宇宙。

只是這個小宇宙從我們出生以來，就被封閉在一個單獨的盒子（如同前面介紹過的，這個盒子姑且稱為宇宙盒子，另一個常見的名稱，就叫做潘朵拉的盒子）。

所以我們自己是宇宙，又與整個外在的宇宙是一體。釋迦牟尼佛，窮盡他人世階段的智慧，終於發現佛的真諦，原來佛法本一體，萬物皆空，空即是色，色即是空。最終成為如來，如來就是宇宙。

所以，我們向宇宙下訂單，
到頭來，就等同跟自己下訂單。

萬法歸一，當我們自己本身處在虛弱不信任，也就是能量很弱的狀態，我們連自己都不相信自己，又怎有辦法連結宇宙，許給自己一個幸福呢？

這就是萬事萬物的道理。

這就是「祕密背後的祕密」。

所以，有句話說「天助自助」，當我們經歷前面所說的思維後，如今，這句話就有了不同的意思，可以說自己就等於天。

但這樣說起來，又似乎在詆毀人們的世界觀。請不要誤會，這與任何宗教都不衝突，宗教教人為善，最終也就是要認知宇宙的真相，每一個宗教，最終還是會回歸到自己，有哪一個宗教不勸人為善呢？

因為「善」是宇宙的能量連結的根本。

以每個人都是小宇宙來說，你是小宇宙，他也是小宇宙。如果你的願望，是要傷害到他人，例如，你要搶奪某人的財富、某人的妻女，你的願望實現代表某人要被傷害，這是不可能符合宇宙定律的。因為你和他原本是一體的，都是宇宙的一份子，就好像你不可能藉由傷害自己帶給自己幸福般，這就是宇宙「善」的原理。

談玄就談到此，那麼進入我們每個人的現實實務。

讀者或許要問：「老師，到底我該如何追求成功、追求財富？畢竟有了財富，我才能照顧身邊的人，給孩子一個更好的環境，也有餘力照顧父母安養晚年，我希望財富能讓我過想要的生活。」

所以，接下來讓我們從宇宙回來，回到每個人自身這個空瓶子裡。

🌱 如何真正釋放自己

所以，人們如何能「心想事成」呢？前面已經歷過自我覺察以及自我定位的步驟了，接下來：

第一、清空自己的負面思緒

前一章曾提到，我們要釋放自己，但如何釋放？釋放什麼呢？這是一件人人都可以做到，但看願不願意去做的事情。那就是建立正向的信念。

說這件事容易，因為人人只要發願，都可以做到。說這

件事難，因為古今中外，大部分人都無法做到，所以佛家有所謂的「三毒」，世人都被這三毒所困，少有人可以離苦得樂。這三毒就是貪、嗔、癡。

　　試問各位讀者，處在以下情境，你會如何？你是否曾經處在類似的情境裡？

◆ 貪境

　　1. 現在有個大好時機，趁著美元下跌，有一檔美洲基金，只要逢低買進，預估可以半年內賺回兩倍本金。你要不要買？

　　2. 百貨公司大減價，原本一雙上萬元的義大利皮革高檔鞋，現在一雙五千元就買得到。即便你並不缺鞋，但看到這樣的訊息，仍會覺得心中癢癢的。

　　3. 我這塊菜園收成很好，夠我養活全家。但如果可以，我想把鄰近幾戶人家的田地都一起買下來，擴充產業，肯定可以讓我大賺。

◆ 嗔境

1. 什麼嘛！那個小李，學歷沒我好，能力更輸我一截，只因為懂得討好經理，現在竟然升任課長，是可忍孰不可忍？我要離職。

2. 哪個壞傢伙，竟然如此可惡。我剛洗過的新車，竟然被濺得一身汙水。他們開車不長眼啊！不知道這裡有水窪要慢行嗎？

3. 那群八婆，真是無聊透頂，在那邊嚼舌根，肯定又在背後說我的壞話。每天上班都是一肚子火，光聽那些流言，就讓我晚餐食不下嚥。

◆ 癡境

1. 小美不愛我了嗎？不，我不相信，她只是一時被外界所迷惑。我要死纏爛打，就算被擋在門外，我也不放手。她若不要我，我也不會讓她好過。

2. 新款的公仔上市了，我好想要啊！但這款要一萬元，超過我預算了，好吧！看有沒有辦法，去老闆娘抽屜偷錢出來。

3. 什麼，我這回考績丙等。這是真的嗎？我不相信，一定
是搞錯了，我不願意接受這個現實，這一切都是假象，
我是最好的。

　　相信就算世界上所有的成功大師齊聚，也不能讓一個本
身處在負面情境的人獲致成功。就好像我們要用杯子去裝香
醇的美酒前，必須先把舊杯子倒空，並且清洗乾淨。成功大
師若要開導一個學員，也一定要讓他們先清空舊有的思維。

　　所以，讀者們，如果你現在的心境是怨天尤人，卻又同
時想要向宇宙下訂單，想要得到「幸福成功」，這兩者其實
是衝突的。

　　你看得出來原因嗎？如果你就是那個處在「貪嗔癡」中
的人，你怎麼下訂單？

第二、散發積極正面能量

　　能量是必須要發散才能影響別人，就好比，你手邊擁有
超強電力的手電筒，站在黑暗隧道裡，你還是要打開開關，
才能射出光束。

嚴格來說，所謂的「向宇宙下訂單」，指的就是這種「發散能量」的過程，而不是寫個單子，然後守株待兔般，等候上天送來你要的東西。

但有人會說，能量？我哪有能量？

這就回歸到，前面不是說每個人都是一個小宇宙，這個宇宙跟整個大宇宙是相連的嗎？所以根本不會缺能量。就好像現在任何一個人，不論是億萬富翁，還是路邊流浪漢，都不會說他缺「空氣」般，只要站在地面而非地底深處，都可以自然而然吸收得到空氣。

然而實務上，為何大家仍覺得自己沒有能量。那是因為，大部分人連定位都還沒找到，甚至不知道自己本身處在怎樣的瓶子裡。

假定已經懂得自我覺察，接著如何先拋棄舊有的負能量？那又是個問題。雖然就算有著負能量，也依然可以散發正能量，因為能量是無窮盡的。但大部分人一旦陷在負面思維裡，就很難轉換成其他思維，這就是所謂的「習慣」。

你曾看過一個整天覺得自己很委屈，老覺得別人對不起

自己的人，「一夕間」忽然變得大方開朗，懂得體諒別人察覺別人的好嗎？幾乎不可能。習慣的力量太強大了。

也因此，這世界才需要很多的導師。

簡單說，不是你沒能力，其實每個人和宇宙連結都有龐大的能力。重點在於，需要有人指引，帶領一個人去認識這樣的能力。所以以這樣的角度來說，這世界還是需要很多的導師，也需要很多書籍的指引。本書，也是站在這樣的立場，希望能為讀者指引一條路。

再次強調，人人都有充沛的能量，重點在於定位自己後，要釋放自己，讓自己和宇宙能量結合。

當那樣的時候，才能跟宇宙下訂單。

這才是祕密背後的祕密。

第十三章

養氣與能量

天地有正氣，雜然賦流形。

下則為河嶽，上則為日星。

於人曰浩然，沛乎塞蒼冥。

皇路當清夷，含和吐明庭。

時窮節乃見，一一垂丹青。

──文天祥《正氣歌》

　　這樣子，大家知道每個人自己都是一個小宇宙，也知道能量是共通的。

　　古時候的人們知不知道宇宙的道理？那個時代連什麼叫空氣都不知道，但有個共通對世界的觀念，就是世間充滿了「氣」，也知道人需要呼吸，否則就會「沒氣」了，沒氣人就會往生。

　　所謂一個人俯仰天地間，仰不愧於天，俯不怍於人，這就是那年代做人處事的道理，俯仰就是呼吸的動作。孟子曰：「吾善養吾浩然之氣。」這個「氣」就是古時候概念裡的氣。

　　那時代不懂什麼氧氣、二氧化碳、大氣層，但卻有能量的概念。並且那真是千古的智慧啊！因為直到科學昌明的今天，那些自詡科技走在尖端的西方人，到頭來，還是反過來要跟東方古老智慧求教。中國的古老智慧，談的「道」，也結合「氣」，就是這樣的「道」理，《道德經》是全人類最智慧的經典之一。

　　本章繼續來談，我們該如何實現自己的夢想，也就是向宇宙下訂單後，讓自己這個小宇宙真正與無垠的宇宙相連。

🌱 找出努力真正的意義

想像古時候有一個人，他常覺得氣悶不適。他當然不懂什麼叫做氧氣，全世界也沒人懂，那他怎麼辦呢？結果他後來清掉自己鼻中穢物，並且走出原本在封閉地下室工作的環境，就有源源不絕清新空氣進來。

如果一個人沒人教導，自己就找到方法，那就是所謂的「頓悟」。

現代人常覺得自己充滿困惑，需要導師指引。但卻也不時有人，突然「想通了」，那攸關個人的本質。就好比每個人都是一個瓶子，那瓶子是封閉的，但有人的瓶蓋卻自己鬆脫了，或瓶子破掉了，一下子與大宇宙結合。

事實上，如同我在第一章所說，我本身就是這樣的人，在成長過程中，大約小學年紀，我就突然悟到我與大自然是一體的。至於其他我們日常生活中也可以聽到的悟道情形，可能有一些人生了一場大病後，突然整個人不一樣了，像是有人突然可以通靈，或有人擁有「特異功能」等。本書不深入談這些，避免被誤會是在講「怪力亂神」，回歸到人與宇

宙的關係。

　　如何打破自身封閉的瓶子，有兩大途徑，
　　第一種，就是自己找到方法打開瓶子，
　　第二種就是由人協助開導，
　　但最終還是要自己打開瓶子。

　　結論都是要自己打開瓶子。而有太多的人，終身都沒打開瓶子，因此終身處在困惑以及欲求不滿中，因為他這一生的世界，就是瓶中宇宙那麼大。

　　而自己打破瓶子，如同前面舉的例子，生重病時醒來後感覺不一樣了，那是一種「負負得正」的概念。

　　大部分時候，人們不是靠生病悟道。那畢竟聽起來太不「健康」了。

　　我們經常看到那些成功的企業家，典範先賢們，它們悟道的方式，也是透過負負得正，但並非生病的方式，而是經歷種種生活磨難。

　　例如我們看名人傳記，可能看到主人翁經歷很多艱難考

驗，有人破產、經濟狀況跌到谷底、還面臨眾叛親離、被逼到萬念俱灰處在自殺邊緣等等。

其他像是被最信任的人背後捅刀、碰到災難導致妻離子散、還有自身遭逢意外，因重傷而殘廢，人生幾乎毀於一旦等等。往往經過這樣極端事件的人，可以更早悟到人生的道理，也就是他們可以打破自己的瓶子，看透宇宙的真相。

這些人會不會向宇宙下訂單呢？他們也會。但他們下訂單的方式，其實就是「跟自己」下訂單。

所以我們常看名人傳記，他們一定有強烈的使命感，有終身奉行的座右銘，他們往往律己甚嚴。因為他們收到訂單了，他們都是在內心裡，「自己發給自己」訂單，他們不像一般大眾，以為跟上天祈求財富，上天哪天就會送上財富來，他們知道，訂單的接單人就是自己，如果自己有切身的需求，非成功不可，那怎麼敢偷懶懈怠呢？

我們翻閱成功者的筆記，他們的成功都是靠自己，但也別因此否定「向宇宙下訂單」的價值，成功者的宇宙已經和大宇宙相連，所以他們的接單流程就是化夢想為實現。也因為築夢踏實而變成成功者。

那麼，回歸到我們每個人。有人問，難道老師是要我們「經歷苦難」才能悟道，才能追求成功嗎？

當然不是那麼極端。

但至少我們要知道一個道理，當我們確實知曉自己想成功，或者想要任何的願望實現，不論是賺大錢、升官，或追到心儀的女孩。確認自己想要的，努力去做就對了。

那麼繞一大圈，似乎又回歸到那句老生常談，就是「努力工作，有志者事竟成」。

只不過，雖是老生常談，當我們理解祕密背後的祕密後，體會就完全不同了。

🌱 利他者方有正能量

那除了上面說的那種「自立自強」方式，應該還有其他方法吧？

那就是本書誕生的目的：**人們需要指引**。

成功的大方向是相通的，但因為每個人的個性不同，因此不能一種藥養百樣人，就算不同的人面對同樣的狀況，甚

至同一個人在不同時期面對同樣的狀況，解藥也可能不同。
那就需要一對一輔導。本書重點也只在講授基本的觀念，但
所謂「師父引進門，修行在個人」，這修行的工作，還是每
個人必須自己努力。

後面我們會談「修行」的簡單方法。

在此，我們先談歷年來的導師，他們本身是修行者，但
也是指引者。最有名的，當然就是流傳千百年各大宗教的宗
師，包括釋迦摩尼、耶穌，還有較近代的奧修大師，乃至於
更現代的只要能對人們心靈提升有影響的導師，都可列入。

我們可以看見的，真正的大師，其實是完全利他的。

例如釋迦牟尼和耶穌，他們體悟到人生道理後，積極去
分享世間真理，積極四處散播福音，他們都是純然付出，沒
有收費的。他們也因為道德感召，讓弟子誠心追隨，其影響
力千百年不墜，並且信眾越來越多。

這些大師們，接受供養，但不會主動要求奉獻。至於後
來宗教界商業化，那已是信眾越來越多，追隨者自發性的行
為，後世的宗教組織同時也都是大財團，但最初的智慧締建
者，則只談生命智慧不談錢。

以此為切入點，我們任何一個人，若想打造影響力，同樣地，不應該將焦點放在利益面。或許有人說，當我們跟宇宙下訂單的同時，不也就是一種「為己」的概念，我們追求自己的好處，才要下訂單啊！

可是我們反過來想想，如果不是向宇宙下訂單，而是一般的網路商城下單，那時候，我們要的是什麼？一定是一種生活實用。例如我們上網，網購衣服、網購書籍、網購 3C 商品，難道是為了要帶給自己什麼利益？感覺上是相反，是我們付費買東西。所以不是為了利益，是為了滿足需求。

因此跟宇宙下訂單也是如此，我們追求財富，但不是一種貪婪的索取概念。而是希望過更好的生活，讓自己更有能力幫助人。當一個人跟宇宙下訂單，其背後有更高的境界，這也就代表他已經清空負面的瓶子，那時他的訂單就自然更有效力。

比如一個人母親重病了，他急需要一筆錢好做為母親醫藥費。這時候他內心的渴望非常強大，他「必須」要這筆醫藥費，他不是為己，神奇的，往往這類的案例，那些人的願望就會實現。

　　或者，以追求女孩來說，當你喜歡一個人，你會想，請跟我在一起，我保證帶給你幸福，我願意努力工作賺取更多的錢滿足你的需要，我願意讓你的父母放心將你交給我。當一個男孩這樣想，內心「利他」成分越強，他跟宇宙下訂單的成功率就越大。

　　相反的，一個人只想占有，心想這女孩很漂亮，如果可以變我女朋友該有多好，可以滿足我的私慾。就是這樣的人，錯把占有當成愛，於是會有所謂的被分手後不甘心，演變成殺人事件。或者醋勁大，每天緊迫盯人的自以為是愛，其實他已讓愛變成枷鎖，結局往往也都是悲劇。

　　總的來說，每個人都具備能量，也正是這股能量，引領著我們實現夢想，所以所謂向宇宙下訂單，其實是跟自己下訂單。

　　但這股能量，必須：

　　第一，清除雜質，也就是清除負面的思維，

　　第二，凝聚正念。

　　當清除雜質後，我們的想法也會比較利他，畢竟，所謂的吃醋占有慾強，都屬於負面能量，已經被清除了。也只有當這樣的時候，有正能量，才能導引成功。

　　能量如此的重要，接著我們來談跟下訂單有關的能量。

第十四章

我就是一個能量體

近朱者赤，近墨者黑；

聲和則響清，形正則影直。

——晉 · 傅玄註釋《孟子》

　　我們看萬事萬物，有時候一樣的表象，卻可能有不同的背景及成因。

　　最簡單的，我們隨處可以看到的石頭，對一般人來說，雖然每顆石頭長得都不一樣，但反正石頭就是石頭，都是來自「地底」的東西。但是實際上，石頭的成因，卻有著截然不同，甚至完全相反的歷程。例如火成岩和水成岩，光看名字就知道，一個從火一個從水，都是歷經艱辛，只是個別過程不同的艱辛。

　　同樣地，我們來看業務工作，假定這個月某甲和某乙，業績都是一百萬，兩人並列冠軍。但這兩個一百萬，卻可能因為背後不同的故事，導致未來發展截然不同。

　　某甲靠著人脈，以「拚業績」為目標，月底前衝出了成績。某乙卻是長期耕耘，以熱誠服務創造名聲，逐步累積出業績。同樣看業績，下個月，某甲的人脈用光了，後繼無力；相反的，某乙持續累積他的信譽，業績只有更節節攀升。

　　我們談「跟宇宙下訂單」，許多人目標就是賺大錢，就是打造高業績，到底該如何做呢？這攸關能量。成敗只在一念間。

對外能量與對內能量

人與人之間的關係，乃至於人與萬事萬物的關係，歸根究柢，都是能的互動。進一步來說，有人覺得老是走楣運，或者跟客戶不投緣，反正業績不佳怪東怪西，都是外界的錯。

但其實這所謂的「運氣」，不該全然推給什麼「風水」「流年」。基本上，宇宙是一個整體，所有的天地人以及世間萬物都是相通的，為何某甲總是運氣不好，某乙卻比較受人歡迎？難道只是因為出生時命盤不對，或者住家地理風水犯沖？

當我們認真去追溯，最後還是會發現一切問題出在「人」。某甲講話總是功利導向，與人談吐間流裡流氣的，讓人感覺不真誠。這樣的不真誠表現在他的「氣場」上，有些人一看到他就不順眼，可能選擇避開，當很多人有這種感覺，那麼整體場域就會「氣氛不對」。

於是某甲來到這裡，覺得很「不順」，最終就怪罪今天「運氣不好」。但讀者們看到這裡，就可以知道是某甲本身

有問題。

　　這裡我們來談能量。讀者要問，某甲有能量嗎？由於某甲是個業務導向，也很認真積極的人，所以他肯定是有能量的，可惜這個能量用錯了地方。

　　各位讀者可以想像有一座燈塔，能量就好比是這座燈塔裡的電力，如果一座燈塔，可以將電力變成放射光芒，照亮海域，那將會吸引很多船隻以及附近的民眾靠近，變成一個溫暖的中心，相反的，若只將電力做為自己內部照明，一樣耗電，卻無法嘉惠外界。

　　當然，因為燈塔本身內部發光，所以多多少少還是會有亮度溢出，變成小小的指標，就好像任何房子只要開燈，在夜晚也可以變成一種照明般，只是能量的格局就太小了。

　　所以前面說，**成敗在一念間。**

　　每個人都有能量，但如何善用這樣的能量，成敗就在一念間。我本身經常到各處演講，也在業務領域指導很多的人，我經常發現，有那種覺得自己很努力工作，但業績總是毫無起色的人，後來為何在聽完我演講後，回去能夠脫胎換骨，下個月變業績冠軍呢？並非我傳授他什麼業務必勝技

法，更非我介紹客戶給他。關鍵就在於他能不能「轉念」。

這轉念攸關我們對業務，也攸關我們對財富的定義。

想請問各位讀者，財富是怎麼來的？或者我該這樣問：各位認為財富是「因」還是「果」？

大部分人錯把財富當成「因」，所以全心追求財富。但所謂的財富，往往基於資源有限，所以必然帶來競爭，在你爭我奪中就會帶來不愉快，因此，所多人雖然賺得財富，人生卻過得不愉快，因為不愉快，健康也不佳，跟人關係也不好，結果賺得一堆財富，卻不能化成生活中的快樂。

但財富其實是「果」。有句話說：「花若盛開，蝴蝶自來。」一個只追求財富的人，就像是拚命去抓蝴蝶的人，就算抓到，也是死的蝴蝶。

但若願意營造一個美好的園地，那麼蝴蝶就自己飛來，以財富來說，財富本身不是追求來的，是因為我們有美好園地，也就是我們先做好了基本的服務，建立好口碑，財富才過來的，財富應該是「果」。

讀者們應該學會轉念，針對業務，不論是你從事哪一行，是保險工作者，是傳直銷商，還是自己擁有小生意的商

人，建立這樣的觀念。

重新運用能量，結果就會不一樣。

記住，你是燈塔，

你要先照亮別人，才會吸引船隻進來。

怎樣才是高能量？

除了能量對內對外的運用外，許多人可能還是想問？如果我還是感覺到我沒有能量怎麼辦？

畢竟，我們雖然看到有許多意氣風發的業務尖兵，還有能言善道的企業人士，但如果我們本身就是內向文靜不擅表達的小百姓，那如何成功呢？

關於此，我也先導正一個迷思。能量跟個性無關，也就是說，不要誤以為外向樂觀的人就是能量高的人，文靜內向的就是沒能量的人。事實上，有太多的例子，一個氣度沉穩或者木訥寡言的人，依然可以成就一方霸業，被尊稱為大師。一個人就算是不擅言詞或者不喜社交，也不代表著他不

能散發能量。

　　以銷售服務來說，我們提供一個產品，重點是如何滿足客戶的需求，需要言詞的主要部分，是當客戶有問題，我們可以回答，或者我們可以適時地提供有用的 DM 及產品更新資訊，這就足夠了。

　　若以為能言善道才能做業務，那就是只把焦點放在「成交術」上，少了服務核心，銷售精神已經脫離，就算成交也無法長遠。

　　那麼如果能量不是攸關個性內向與否，那能量跟什麼有關呢？

　　基本上，能量第一還是跟「開悟」有關，畢竟，每個小宇宙都對應著大宇宙。但如果講開悟太抽象，那至少，我們要知道的，能量跟信仰有關。

　　什麼叫信仰？不是只有篤信佛教或基督教那才是信仰，其實那只是宗教信仰。當然，宗教信仰若很虔誠，那絕對也是一種能量，當我們因為篤信佛教，而落實那種慈悲助人之心，這種心導入業務銷售，自然而然會提升你的業績，但關鍵是在信仰，不是在銷售技巧。

　　所謂信仰，就是我們堅定的相信一件事。有人問大師，這世上有沒有鬼神，大師給的答案：「你相信有就是有，相信沒有就是沒有。」

　　聽起來很抽象，好像有講等於沒講，實際上，這正就是「相信」的力量。

信仰的最高境界，

就是已經把一件事列為理所當然，

根本不用刻意告訴自己要去相信，

就好像我們不用告訴自己每天要呼吸、上廁所一樣。

　　某個角度來看，人人都有基本信仰，例如，大家都已經理所當然地知道地球繞著太陽轉，還有我們是因為地心引力才能站在地球上，這些事不用特別說服，人人都已經深度相信。這是屬於科學信仰，其實不是所有科學都是真理，例如愛因斯坦相對論的提出，就推翻了許多過往以牛頓重力思維為核心的種種「定理」，而隨著未來科學發展，也不保證哪一天有什麼新的理論可能推翻愛因斯坦理論。

但重點在於「相信」。

當信仰成為一種力量，就是讓心有種依歸，就好像內心進駐了一位教官一般，他會督促你種種的行動。所以我說，能量強大與否，與個性無關，反倒與信仰有關。

我所見過所有成功的人，都是能夠堅定目標往前的人。如果一個人總是三心兩意，今天做這個投資後悔是否當初做那個投資會更好？每當下決策時，得失心很重，總是想著這樣做對嗎那樣會不會比較有利……等等。這樣的人格局太小，做事沒有堅定信念，是很難成功的。

也可以再以燈塔做個比喻，如果每個人內心充滿的能量，就好比燈塔的電力，那麼，信念就好像那種可以把光束集中的強大約束。因為如此，可以將能量化為聚光燈，照到遙遠的海上。

能量的強弱也因信念而來。事實上，我經常和朋友分享，人與人相處，不是你被我影響，就是我被你影響。

為何一個人很容易受外界影響？被某某人背後說壞話就一整天不開心，或者老闆念你一句，你就覺得這公司待不下去了？

　　所謂的「玻璃心」，都是能量比較小的人。這世界的發展，就是能量大的去影響能量小的人。就好像我們看到磁鐵跟一堆鐵釘放一起，就算磁鐵的體積比鐵釘小，但最終是磁鐵改變鐵釘，而非數量較多的鐵釘改變磁鐵。這就是能量的道理。

　　關於能量，下一章我們來談更多的應用。

第十五章

用正能量導引充沛實力

舜之居深山之中，

與木石居，與鹿豕遊，

其所以異於深山之野人者幾希。

及其聞一善言，見一善行，

若決江河，沛然莫之能禦也。

——《孟子‧盡心篇》

　　能量的應用當然在很多方面，舉凡一個人面對任何的挑戰，可以發揮的實力，或者在自己所處的領域，可以帶來的影響力，都是能量的展現。

　　與切身相關者，例如怎樣在面對考試或比賽時，就算面對壓力也展現應有的水準？怎樣在日新月異的科技發展中，依然保持自己的技術領先？怎樣在碰到突發狀況時做到最好的危機處理，都植基於好的能量。至於影響力方面更不用說，一個人可以在鄰里間得到最多的支持，在團隊中提出議案可以獲得追隨，都是影響力。

　　在第一篇我們曾介紹過能量與事業，能量與人際關係，能量與競爭力的關係。

　　本章，則以每個人自身，在自我覺察後，如何展現能量為切入點。為了說明方便，在此，我還是以一般職場上最常見的挑戰，也就是業務工作做為說明。

🌱 你要怎樣傳達你的能量？

在物競天擇的世界裡，所謂生存，其實方式非常多樣。一般我們習慣好萊塢英雄電影的民眾，認知裡所謂的生存，講白點就是勝者為王。那些彈無虛發的諜報人員、武術一流的特勤護衛，靠蠻力以及鬥智取勝，最終讓壞蛋求饒者，就是贏家。

但現實生活中，這種「絕對壓倒」對方的勝法，只是其中一種方式，其他包括「鷸蚌相爭，漁翁得利」的投機型生存法；鱷魚與燕千鳥共處的「互蒙其利」生存法；也有如同琵琶鼠魚般什麼都吃，被稱作垃圾魚的生存法。

以人類來說，如果不談道德，只問結果，那可以生存的方法真的也很多。若談道德，並且還要加上利人，那當一個人做好自我覺察，也擁有一定正向能量後，是否只能用傳統式的業績銷售法維生呢？

其實，所謂能量的發揮，也是要依照本性，例如，一個機械工程師，他的專長，跟一個手作媽媽，他們的專長不一樣，而在現代社會，大家為了生存都一定要做業務。難道只

能靠一般業務說上所說的各種銷售成交話術才能存活嗎？

其實，能量的展現，在此就可以看出來，可以有不同的應用。以那位工程師為例，工程師的專長是數字，他的手可能比他的口還巧。

與其硬去學習模仿所謂高端業務的那些什麼洞燭人心或身體語言學，不如專注在他的數字能力，面對客戶時，直接帶著簡單的機械模型以及簡報數字，直接用他專長的數字去說服客戶。我就認識許多的銷售工程師，他們都不是口才流利的銷售達人，但都靠著扎扎實實的工程專業，讓客戶願意買單。

另一個也是重視手藝的，那位手作媽媽，也是與其去磨練什麼三寸不爛之舌，還不如以親切的媽媽形象，就用產品代替口語，當她擺出用心製作的手作，選擇適當的地點如親子活動場所做展示，自然會有家長帶孩子來看。

到時候也不用什麼業務銷售技巧，只要真心誠意的說明自己如何完成這些作品，以及當這樣的時候帶來的快樂，就能吸引有興趣的族群。

所以能量的展現，可以是多面向的。

但同樣是生存。有人問我，博取同情，算不算一種能量？如果最終可以達到銷售的話。

我的回答，所謂博取同情是誰的觀點？我們不該只站在自己的立場，「想像」對方是在博取同情，這是屬於認知問題，我難以回答。

但在實務上，如果有人，好比說一個老婆婆過來跟我推銷口香糖，我會不會買？答案也是視需要而定。對我來說，的確有時候口香糖有助於氣味芬芳，是必需品，但也不是每個老婆婆來銷售我都買，畢竟那樣我可能永遠買不完。

如何做衡量呢？首先，我們要跳脫「可憐對方」的心境。當我們這樣想的時候，其實對對方不公平，對方可能只是想自食其力，她也不需要你的同情，我就有個朋友，看到一個殘障朋友推著輪椅賣面紙等東西，他就豪氣地丟了一把錢給她，轉身就走，自以為在「行善」，結果那位殘障朋友即便行動不便，還是氣沖沖的推輪椅追過來，把那筆錢對價的商品也就是一大疊面紙交付給我朋友。

我那個朋友初始有點生氣，覺得自己做「善事」耶！對方幹嘛一臉憤慨的樣子。後來仔細想想，卻恍然大悟，自

己任性的丟錢給她其實已經傷了人家的自尊，而這個人為了「尊嚴」拚命追過來，展現他要靠實力過活，他的精神其實是令人敬佩的。

在這裡，「尊嚴的展現」就是一種能量，具體證明，他讓我那個朋友反省自身檢討自己，也發自內心產生敬佩。

經常我們在一些公眾場合，也會看到許多的身障人士，他們不採取乞討形式，不以博取同情索錢，而選擇種種有尊嚴的方式，靠著表演樂器或簡單的畫筆手藝，賺取他們應賺到的錢。他們散發一種感動力。

相對來說，許多好手好腳的人，為了銷售經常不擇手段。例如有些長得尚稱可愛的年輕女子，拉著長輩說，拜託啦！我這個月業績差一點，捧個場幫我辦張信用卡。這種人，一方面公然的以「私利」而要求他人協助，二方面就算為私利至少也該努力做出行銷動作，不該用乞討拜託施捨的方式。

長久以往，也許短時間可以因本身外貌等因素，達到一定的業績。但以整個人生座標來看，這樣終究非真正實力，若不及早扳正，未來堪憂。

🌱 能力與能量

提到能量，另一個常被誤會是同一件事的，就是能力。

能力跟能量一不一樣？當然不一樣。

基本上，能力有強弱之分，也有屬性之分。並且肯定是無法公平的，現實生活中，的確就是有那種神童，智商超高，一出生就已經具備許多有助於社會競爭的特質。

其他，包括有人長成虎背熊腰力大如牛的壯漢、有人記憶力超強、有人具備運動細胞等等，每個人有不同的能力屬性，基本上，就是有少數的人會被列為某個領域裡天才，那是即便其他人靠努力也無法追上的。這便是所謂的「天賦」，但能力的屬性就是如此。

但能量不同，當一個人可以自我覺察，並且建立一個與宇宙通聯的力量。也就是真正可以「向宇宙下訂單」，那能量是無限的。

是的，能量的確可以是無限的，若可以結合能力，就可以發揮很大的效用。但能力是不分道德，只問技術結果的，能量卻是有正能量之分。一個擁有高超技藝能力，卻不思正

途，只會動歪腦筋的，就是只具有負能量的人。靠負能量肯定不能長久。

但若一個人只具備一般般能力，若在自我覺察後，結合正能量，那是不是可以變超人呢？

答案是，看是否適才適所。

所謂能力，就好比一臺車子的性能，這不是單靠努力可以做到的。就好比當初出廠，一個就是法拉利跑車，一個就是國產裕隆。那麼就算一個人駕駛技術再高超，甚至對車輛做改裝，裕隆的車子還是絕對跑不過正統的法拉利跑車。所以一個天才型的畫家，如果可以再導入正能量，那麼他可以畫出曠世的鉅作。

其實我們經常看電視電影，就有這類題材，一個音樂家或畫家或運動員，在經歷種種挑戰後，已經成就一定高峰，但再往上卻碰上了瓶頸，這時候故事情節就會導入，這個主人翁，因為長輩的一席話，或是什麼生活啟發，帶給他某種生命體悟，於是他發現了一種通達天地的真理等等的，最終當然就是勇奪冠軍啦！

故事雖然很煽情或很戲劇化，但現實生活中卻真的如

此，一個人如果願意自我覺察，就可以讓自己的實力到達新的境界。

那有人問，相對來說，那一位普通人呢？也就是好比前面用法拉利跟裕隆車比較，如果主人翁是那個裕隆車主呢？或者某個天才型畫家，對應另一個努力型畫家，那個畫家通常不是主角。

但那個人若可以自我覺察找到自我能量呢？答案是，每個人的專精不同，一個人如果繪畫技藝有侷限，那為何一定要規定自己畫畫呢？我相信生活中，一定可以找到其他可以發揮專長的領域。

高能量要搭配對應的能力，才能發揮加倍相乘的效果。

另外一個問題，如果整體能力有限，甚至本身天生就有障礙，例如身為殘疾人，或者長大成人後遭逢意外受到重創等等。

這樣的人，依然可以發揮能量，例如前面舉過例子的手作媽媽，也許她出身貧寒，也沒受過好的教育，從小就因營養不良生過重病而帶來某種行動不便，但她有雙巧手，製作的成品，若參加比賽可能無法得獎，但至少對客戶來說，她

的產品有自己的特色。

　　此外，必須要說明的，有許多能力是比較沒有門檻的，最典型的就是業務，所以業務銷售這件事常被作為範例。日常生活中，我們看到很多項目，包括彈鋼琴、打羽毛球、寫作、繪畫等，可能要成為專家都有一定門檻，很多都是天才型的達人參加。

　　但業務不同，任何人都可以從事業務，因為業務不需要什麼特殊技能，業務比較需要的是真誠以及對產品的專業，這些都是靠本質以及努力可以做到的，若要再加點什麼，那就是建立自己的特色，自己的風格。

　　一個人也許天生就不能在哪個領域成為高手，
　　注定不會是個鋼琴家、運動選手等等，
　　但他依然可以因為業務實力，
　　讓自己變得不平凡。
　　這裡，也就是所謂的能量，
　　可以發揮到極致的地方。

　　本篇，談到自我覺察，以及找到自己定位後，如何開始
釋放能量。但對於如何真正強化能量，或者那種與自然溝通
的能力。好比說冥想，或者探求潛意識等等的課題，我們在
下一章介紹。

定靜安 **慮** 得

| 第四部 |

修練自我的小宇宙

第十六章　當自身的瓶子清空時

第十七章　生命中不得不承受的「濾」

第十八章　省思與沉澱

第十九章　每日做到的靜心修練

第二十章　回歸寧靜，找出新方向

當自身的瓶子清空時

天將降大任於是人也，

必先苦其心志，勞其筋骨，

餓其體膚，空乏其身，行拂亂其所為，

所以動心忍性，曾益其所不能。

人恆過，然後能改；

困於心，衡於慮，而後作；

徵於色，發於聲，而後喻。

入則無法家拂士，

出則無敵國外患者，

國恆亡。

然後知生於憂患而死於安樂也。

　　　　——《孟子・告子下篇》

　　提起「慮」，人們會想到什麼？想到「考慮」「思慮」，甚至「憂慮」、「焦慮」。在多數的時候，慮，有種踩剎車的感覺，當進行任何事情的時候，一旦出現了「慮」，往往就表示要「暫停」的意思。

　　然而，在古人的智慧裡，「慮」卻是生命省思中很重要的一環，所以「定靜安慮得」，就算前面都已經讓自己「定位」了，「平靜」了，也感到「安適」了，如果沒有經過「慮」這個程序，就無法「得」。

　　古人也說：「人無遠慮，必有近憂。」

　　到底我們要「慮」什麼？這跟成功有什麼關係呢？似乎，我們和宇宙連結間，就只差這個步驟了。

取捨先於作為

　　大部分人們，都曾聽過一個寓言，有關一隻貪婪猴子的故事。話說，猴子闖入民宅看到了一罐糖果，牠欣喜萬分的打開瓶蓋，伸出猴爪，抓了滿手的糖，結果手上東西太多了，於是手就被卡在瓶口。

其實只要把手放開，猴子自然可以脫困，但怎麼能放呢？那麼多珍貴的糖果捨不得丟。猴子不想放掉，就因為「不肯放手」，於是牠一個小時、兩個小時⋯⋯不放棄地，持續和糖果罐困在一起，直到後來吵醒屋主，最後結局當然是猴子自己被抓走了。所謂貪小失大。

另一個故事，也是跟猴子有關，也是隻貪心的猴子，有一天猴子闖入果園，看到一顆好大的桃樹，上頭都是飽滿多汁的桃子。這猴子每一顆都想要，於是東抓一顆，西抓一顆，但猴子只有兩隻手啊！於是牠把桃子夾在腋下，空出兩手還要繼續抓，接著把桃子用雙腋夾，用脖子夾，但仍捨不得離開，牠要抓取更多桃子。

結果，因為顧著抓桃，顧此失彼，身體失去平衡，從高高樹上跌下，又捨不得放掉手上的桃子去護頭，結果摔到地上頭部傷重而亡。

怎麼都是猴子呢？其實讀者有沒有發現，所謂「寓言」，就是用來警惕世人的。而用最像人類的猴子來當主人翁，最終講的還是人們自身。

談到關於人的需求，好比說，一個人需要向廣大的宇宙

下訂單，他要追求財富、追求成功境界。那這樣的他，算是「貪」嗎？

　　請注意，本書這裡不談道德問題，我們也不去界定一個人需求多少才叫剛好，或者需求多少就叫做貪。事實上，一個人若想成為億萬富翁，目的是去幫助更多人，那應該不能叫貪，他有多少能量，能跟宇宙建立連結，是他自己意志力和內心強大能量的展現。

　　這裡，我們談的「貪」，不是道德上的貪，而是「能量上」的貪，以職場來比喻，不是有句俗語：「看著自己的碗，卻羨慕別人的碗」。或者「做一行怨一行，總覺得別人的工作都自己的好」，乃至於在感情觀上，也有人說「家花哪有野花香」等等。這裡的重點，不在一個人貪心到想要享齊人之福，重點是在「生命的侷限性」。

　　試想，你可以同時睡覺又閱讀嗎？不能，因為你只有一個腦袋，不是工作就是讓腦袋休息。或者你可以同時雙腳前進嗎？不能，總要有個順序，例如先右腳再左腳，或反過來，若要同時動就會變得完全動不了。

　　當我們說一個人，拿著自己的碗，又羨慕別人的碗，因

為一個人只能擁有一個碗。

於是就有了一個智慧用語，叫做「取捨」。以工作來說，你只能辭掉這個工作再去那個工作，就好比婚姻，你若真的與元配彼此間不再有愛，不論於情於法，都得先離婚，讓個別自由，再去追求新歡。取捨，就是只能二選一，貪心，就是什麼都要，就好比寓言裡的猴子，什麼都要，結果什麼都得不到。

那麼，這跟宇宙下訂單，以及跟我們自身能量有何相關呢？不是說小宇宙和大宇宙相通嗎？理論上，能量是取之不竭用之不盡的啊！不只可以兩個都要，甚至可以全宇宙都要，不是這樣嗎？

是的，能量是相通的。

但重點是：

我們自身的容器，是有限的。

這也是世間紛紛擾擾的根源之一，太多人不懂取捨，這也捨不得那也捨不得。明明時代趨勢變了，原本的暢銷商品

已經不紅了，但不懂得割捨，一方面推出新商品一方面仍砸重金想挽救舊商品，最終拖垮整家公司。

明明過往做事的方法錯了，但覺得都已經「習慣」了，要我們跳出舒適圈去面對新生活，也是無法割捨，於是，一邊說要改變，說要從井底之蛙變成眼觀天下，一邊卻仍顧慮這顧慮那的，最終因為不能取捨，天天找藉口，結果仍困在原有的框框裡。

到此，讀者明白我的意思了嗎？

也知道為何「定靜安慮得」，先有慮才有得了。當一個人找到自己定位了，看出自己那個小宇宙所在的瓶子了。但看到是一回事，做到又是一回事。

懂得取捨，才有進階的發展。

🌱 下訂單前先的充分洗滌

那麼具體來說，我們該怎麼樣取捨呢？

也就是說，現在當我們認知到自己是宇宙間的一個瓶子，也認知到打開瓶蓋後，我們是和宇宙相通的，那麼，我

們接著又該如何和宇宙相連，真正下達滿足願望的訂單呢？

難道不能瓶蓋打開就直接下單就好嗎？

不能，因為人們都忘了，瓶子不是空的。

以瓶子做生命的比喻，那麼全世界，最有可能直接用小宇宙和大宇宙對接的，只有一種人，那就是嬰兒。

只有剛出生的嬰兒，最純淨、最契合宇宙的真理。大部分人，覺得自己很「開放」，很「包容」，實際上，卻絕不是這麼回事。總有些對自己過往的戀戀不捨。

這裡聽起來，像是要一個人脫離紅塵，剃度出家似的。不是的，這裡的戀戀不捨，好比說，一個學生畢業了，並且錄取了一家知名企業，第二天就要上班了，但他仍戀戀不捨過往的生活模式，以前當大學生時，每天可以睡到自然醒，有著一天到晚玩遊戲及追劇的自由，心中仍處在那種情境抓著不放啊！這就是戀戀不捨。

究其實，這種心態不正如同那隻手上抓滿糖果不肯放的猴子嗎？

既然瓶子不是空的，那就是有東西。人的生命也不是空無的，所以一定有過往的執著。

簡單的比喻，如果自家只有一個盤子，原本上面已經盛了昨晚的剩菜，當臨時有客人來訪，要用盤子端水果給他，自然必須先將這個盤子上的剩菜清掉，並且要洗乾淨了，才能放乾淨的水果送出去。

而以自身的修練來說，那位客人，就好比是一個可以帶給你人生啟示的貴人，那或許是你的導師，或許是一位有智慧的前輩。他告訴你：

1. 你身體不健康，因為你總是吃隔夜的剩菜。所以，你必須改掉吃剩菜的習慣。

2. 人身體需要營養，如果你只有一個盤子，那要用這盤子裝營養的東西。

3. 但如果原本的盤子，仍裝著剩菜，你就無法裝任何營養的東西。

4. 或者原本的盤子，你把剩菜倒掉了，但沒有清洗乾淨，那麼，你裝的新東西，依然會飄著廚餘般的味道。

這樣說明，讀者明白了嗎？

如果自身就是那個盤子，或者我們就延續前面的說法，

自身就是個瓶子。我們在自我覺察後，現在要給自己的功課，就是「處理這個瓶子」。

　　方法其實有很多：

◆ 以宗教觀點來看，所謂大破大立，有人對生命徹底醒悟，「覺今是而昨非」，那種看破紅塵的模式，就好比把整個瓶子直接打破，讓大小宇宙全然融合。但老實說，這需要很高的境界，如果體悟有誤，根本就是把自己整個生命觀都一起毀去。

◆ 另一種方法，也是很極端的，所謂「洗心革面」，原本是具正面用語，但怕的是，洗心，把原來的心也抹去。革面，根本就換了另一張新面孔。以瓶子比喻來說，就是放棄自己的瓶子，改用別人的瓶子。不是說不對，但這牽涉到哲學及性靈昇華境界問題，並非人人可以做到。

◆ 最終，比較貼切的處理方式。說來也簡單，瓶子嘛！打開了，不再封閉了，接著當然就是要做好沖洗。這樣才能去掉「剩菜」味，舊瓶當然可以裝新酒，重點是

若新酒要純，那就不該混雜舊有的渣籽。就好比想要原諒一個人，又念念不忘他過往對你做的惡，想要讓自己當一個慈善的人，卻又念念不忘想要對方記得你的好，積善但求換得感謝狀，那樣就是一種貪，就是一種無法割捨，那樣，就無法真正洗淨瓶身，讓自己和宇宙下訂單。

如此，了解了「慮」這個步驟的重要。

其實，慮就是「濾」，下一章，就來談我們如何具體與宇宙能量對接的方法。

第十七章

生命中不得不承受的「濾」

半畝方塘一鑑開，天光雲影共徘徊，

問渠哪得清如許，謂有源頭活水來。

——朱熹《活水亭觀書有感》

一個人在怎樣的情況下，需要洗滌內心？

答案是，時時刻刻，我們都在清洗內心。

就好比我們看到一杯水，或一個擦得晶亮的茶几。當沒有人去使用，甚至是在一個靜謐的房間，一整天都沒人進出的情況。理論上，隔天應該不須擦拭洗滌。

實際情況卻是，原本的清水，若沒有加蓋，那肯定已經染塵了，不宜飲用。茶几暫時沒有看出髒汙，但其實也已經有了塵埃，必須擦拭。

所以禪語：「時時勤拂拭，莫使惹塵埃。」

我們談「慮」，就是談「濾」，有兩種基本情境。

第一，生命總是會累積雜質；

第二，就是必須做到「莫使惹塵埃」。

迎接訂單前先要過濾自己

前一章我們談到取捨。在生命中在生活裡，我們要取捨的，可不只是「放棄舊習慣改為新習慣」，或者「離開這個工作崗位迎接新職位」。我們要取捨的是更深入內裡的東

西，關於感覺，關於情緒。

談情緒，看似簡單，其實是最難的課題。讀者想想，一個大企業家，他可能可以管理數十萬員工，經手幾百億的資金，縱橫商場、叱吒風雲。但他卻不一定可以掌控好自己的內裡。他可能：

◆ 深夜裡感受到無人可以理解的孤獨，有心事無人分享。

◆ 無法控制自己的脾氣，和妻女吵架，家事鬧得不愉快，最後才來懊悔不該說出那些話。

◆ 違背真正的客觀評斷，只因自己喜歡哪些部屬，就依己意來分發紅利，導致公司員工逐步失去向心力。

簡單說，成功可以企及，
自己卻永遠是個難題。

問問各位讀者，一個人擁有財富地位，最終目的是什麼？不該說財富就是目的，畢竟，財富就只是「身外之物」。假定有兩個人，其中一位有一百億財富，另一位口袋只有一萬元，就算如此，他們兩人都一樣只有一個胃，一天

要吃三頓餐，頂多就是吃頂級和牛大餐和吃滷肉飯配小菜的差別。

所謂成功，那些名和利，最終還不是要回歸你這個人的「生活日常」，必須要你這個人「過得幸福快樂」才有意義。如果那位口袋只有一萬的人，生活幸福圓滿，又怎會比那位有一百億財富卻家庭失和的人差呢？

因此，當我們跟宇宙下訂單時，其實分成「明訂單」跟「潛訂單」，明訂單就是：人們表面上，跟宇宙許願時，總會說：希望自己「賺大錢」、「事業成功」、「娶到美嬌娘」等等，但往往人們在下單時，並沒有把訂單條件列清楚，正確列法應該是：希望自己「快快樂樂賺大錢」、「事業成功同時也生活愉快」等等。

如果只有「明訂單」卻忽略「潛訂單」，可能到頭來，只能是張「無效訂單」。

打個比方，好比你訂製一部專業頂級的斯坦威鋼琴，結果，鋼琴運來了卻發現根本沒地方放，因為你住在一個坪數不大的小公寓。那是不是就算下訂單了，也無法安置？

　　許多人總渴望宇宙回應自己的需求，

　　卻沒有想到，自己都還沒把自己整理好，

　　怎麼能夠收到宇宙的訂單呢？

　　跟宇宙下訂單，不需要自己備好名宅，但卻需要準備一個更重要的東西：那就是「自己」。前幾章，我們已經自我覺察，自身是個可以和宇宙對接的空瓶子，所謂準備好自己，不是讓自己變成空瓶子等訂單就好。

　　如同前面剛舉的例子，就算是一個無人進出的房間，那裡的茶几，也必須要每天早晚擦拭，否則過沒幾天，就會堆疊塵埃，更何況伴隨我們的這個肉身，多少年以來，經歷了種種的負面能量與不堪情境，這些都是生命中的「塵埃」。

　　再以那個房間裡的茶几比喻，如果在一個原本就不太受干擾的房間裡頭，那兒的茶几都需要天天擦拭，那相對來說，我們的這個「生命瓶子」，根本就不單只是逐漸堆疊塵埃而已，事實上早已充塞各類雜質。因此，總要把這樣的自己「處理」好了，才能迎接訂單。

　　於是我們需要取捨，我們需要「濾」。

🌱 濾雜質濾汙濁以及濾毒

先來談一個基本的「濾」法吧！

就以一杯水來比喻，除非已到了完全髒汙、必須整個倒掉的地步，否則，一杯水若上面有些「可食用的東西」，好比奶粉或咖啡粉顆粒，是可以「濾」的，一般來說，有三種方法：

1. 沉澱法

也就是漂浮的雜質，因重力的作用，自然可以沉降到水底，以水的過濾來說，透過一些化學物質可以促進沉澱。對生命來說，沉澱，主要是靠「靜心」，或者請導師來指引，這點稍後也會繼續談到。

2. 細網過濾法

透過適當的篩子，將水倒進去，好比說水中有一些果粒殘渣，透過這樣的過濾，也可以得到淨水。以生命來比喻，那就是經歷一些「考驗」，或深度「自省」。

3. 蒸餾法

這是比較極端的方法，與其把雜物排除，不如把水直接蒸發掉，然後再另外收集水的意思。以生命來說，就是所謂的「大破大立」，這是比較深的境界。

除了以上三種方法外，有一種濾法，好比說，我們攪拌咖啡粉就是如此，把那些顆粒狀的東西，透過攪拌，都可以融入水中。以生命為例，我們生命中很多的思維，不一定要拋掉，但要懂得「融入」。那麼，如同人人可以做到的濾法，就是拿個攪拌器，或者再簡單些，只要用一根筷子，就可以插入水中，勻稱的不斷攪拌。

這時候，我們可以看到，水中以攪拌器為中心，被激起了漩渦，在那漩渦中，可以看見所有漂浮的雜質，會不斷地被迴旋著，最終捲入漩渦。但任何的過濾都必須是常態的，否則就如這樣一杯水，如果久放著不處理，那雜質最後還是會浮出來。

以過濾清水來比喻生命省思，有兩種過程：一個是即時的，一個是常態的。

　　即時，就是當下處理。以個人來說，就是當下的情緒，當下處理。例如當下我們可能感到恐懼、感到氣憤、感到一種被情緒淹沒的種種負面，這需要處理，若不處理，會帶給自身這瓶子日復一日更大的混濁。

　　常態，就是養成一種「時時勤拂拭」的習慣，以個人來說，就是建立自律，透過靜坐或規律作息等，蘊養一顆清明的心。

　　在下一章，我們會談到進階實作的方法。這裡，我們來談濾的原則。

　　首先，以「接受」新東西的角度做個比喻，如果我們原本是一杯隔夜茶，裝著過期的茶渣，那麼要換裝清新的佳茗純釀前，肯定要先倒掉內裡的隔夜茶，不僅要倒掉，並且還得把杯子仔細洗一洗。

　　這需要一些過程，以人生來比喻，就是人們往往不願意倒掉舊茶，或倒不乾淨，此所以現實生活中，許多的大企業，他們聘用新人時，反倒喜歡聘請完全沒工作經驗就像一張白紙的人，因為比起教導一個「自以為懂點什麼」的員工，還不如教導一個「因為我什麼都不會，所以願意對你言

聽計從」的新進人員。

在許多業務導向靠能力賺取自己生計的產業，好以說傳銷產業，經常前輩教導後進的一個名言，就是「聽話照做」。而往往就是那些過往曾有什麼亮麗光環的，什麼某某企業經理、某某學校教授等出身的人，反倒拋不開過往包袱，也就是捨不得倒掉隔夜茶，因此其做出來的成績，可能還不如一個很久沒進職場的家庭主婦好，關鍵就在這裡。

所以，濾，基本上包含三個步驟，假定你是個積習已深的人（事實上，大部分尚未開悟的人都是如此）：

1. 先自我覺察，我原來是杯怎樣的水。

2. 我必須清理掉我這杯舊有的水。（在現實生活中，水整杯髒了要倒掉，但以人心來說，倒不需要整杯倒掉，所以需要濾的過程。）

3. 就算已經濾過原來的水，或杯子倒空了，仍要透過自我省思的過程，經常去擦拭舊有的瓶子，開始接受新的觀念。（此時就可以跟宇宙下訂單）

4. 而當瓶子開始接受新東西了，這個瓶子本身，還是要「時時勤拂拭」，並且瓶內雖然有清水，這水也要經

常的保持「流動」。

也就是說，內心的水，必須是活水，否則死水是會發臭，也就是整個人又會陷入負面情緒裡的。怎麼擁有活水？在下章談「濾」的方法時，會來做說明。

然而，同樣一杯原本清澈的水，後來會再變混濁，可能有以下兩種原因：

1. 不同內容物混一起了。各位可以想像一個畫面，用水沖泡咖啡粉，隨著攪拌甚或再加奶精，那樣的水已經不是原來的水，那樣的水若想分離出咖啡、奶精和水，已經不可能。這可以分好壞兩方面來說，如果這咖啡是頂級咖啡，以人生來比喻，例如一個從小就浸淫在文學素養裡，那培養出的一個人就像是一杯香醇美味的咖啡，人人愛。但反過來說，如果從小到大，處在負能量，處在人際間爭鬥忌恨的氛圍裡，這樣泡出來的咖啡，若負能量濃到化不開，就真的要整杯倒掉。

2. 另一種是雜質飄入，包括人們日常生活中的貪嗔癡以及許多的負面情緒，就像是飄在水中的髒東西，這些各

式各類的雜質可以視程度大小來清理。有一種人人知曉的過濾媒介，叫做明礬，就是一種可以淨化水質的「濾」器。在人生中，所謂的明礬，可能是一個指引你的導師、一本打開你心房的經典、或者長期沐浴在優質的教化環境中，也等同是內心裡的明礬。

若一個人汙濁的情況太重，或水中的髒汙，已經不只是雜質，而是毒物，那情況就比較嚴重。如果浸泡的是毒，那就算把整杯水倒掉，那個杯子也必須經過特殊的清理過程，否則就算把一杯裝過傳說中最可怕的「鶴頂紅」毒酒倒掉，那個杯子再洗幾次，人們也不敢繼續裝水喝。

這種狀況，需要特殊處理，包含心理醫師，或更進階的專業輔導。那就是另一種層次的問題。

下一章讓我們繼續來談「濾」法，而讀者們若自身有情緒上的種種問題，需要過濾指引，需要情緒明礬，需要生命瓶子被清洗的個別諮詢等等，也都可以透過我的個人平臺與我做更多聯繫。

第十八章

省思與沉澱

曾子曰：

吾日三省吾身：

為人謀而不忠乎？

與朋友交而不信乎？

傳不習乎？

——《論語‧學而》

　　這裡與大家一起來回憶一個禪宗的故事，說回憶，因為這故事很多人都聽過了，但是否能應用在生活中，那又是一回事。

　　話說，禪宗傳承到五祖弘忍時，已經有了一定的影響力。而考量到後續的傳承，五祖也想找個繼承衣鉢的人，想在眾弟子中，尋求人選。

　　當時最被看好的，是神秀大師。有一天夜裡，神秀有感於人世間，人們總困頓於塵世憂煩中，於是將感想寫在院牆上，這首即是著名的：

身是菩提樹，心為明鏡臺。
時時勤拂拭，勿使惹塵埃。

　　其意是要告誡人們，要懂得經常去觀照自己的心靈，透過修行來抵擋誘惑，保持自身清明。

　　結果隔天當大家都在討論這首偈子時。一個火頭僧，也就是後來的慧能禪師，看到大家都在看院牆，因為他是不識字的文盲，所以問大家上面寫的是什麼內容，知曉神秀大師

的原文後，慧能後來發表了他的千古名言：

菩提本無樹，明鏡亦非臺。
本來無一物，何處惹塵埃。

在禪宗發展史上，後來有南派北派，所謂北秀南能，北派講求漸悟，南派講求頓悟。這沒有對錯之分，是修行的兩種不同法門。

🌱 漸悟和頓悟式的生命拂拭

讓我們進入實務，談談生活中的自我「過濾」法。

從前面禪宗的兩首偈語，我們有什麼感想呢？本書不談玄論禪，但是這個故事裡，兩個重要的法門，或者說是「生活中的修行法」，卻正是人們日常生活中可以做到「自我過濾」的重要比擬依據。這無關宗教，而是人人追求自身清明前，一種必要的思維。這也跟後來如何跟宇宙下訂單有密切關係。

　　如同禪宗有漸悟與頓悟之分，我們自我修練，也分成常態逐步的方式，以及強烈及時改變的方式。

　　先來談一些生活中的狀況。

　　人們會感到不開心，通常是兩種情境交錯：長期方面，可能是自家經濟狀況不穩，或和家人感情不睦，或自己的理想抱負未能伸展等等，這些不快樂，是長期的現象，非一朝一夕可以解決，不是說今天我「想開了」，明天家中就會經濟改善，以禪宗方法來比擬，這需要透過「漸悟」的方式來處理。

　　另一種情境，就是即時性的，今天被主管指責了，內心憤恨不平、跟女友吵架了，心情不好。有些事多少還有事前預期，例如男女間個性不合，經常吵架，每次吵架前不一定有預兆，但至少是可以合理推演的。但有些事，好比說今天路上開車，和另一輛車擦撞了，這種不愉快，就是典型的突發狀況。

　　無論何者，當事情發生了，人就處在情緒中，輕者，就是帶來心情打擊，重者，有人情緒管理不佳，一時衝動，可能動手動腳甚至動刀，於是肇致難以挽回的悲劇。這時需要

「頓悟」式的過濾。

　　所謂的頓悟式過濾，也必須平常就養成習慣，否則任何一個人，就算平常閱讀一些修身養性的書，當碰到路上汽車擦撞對方氣勢洶洶下來理論時，也可能就被氣憤主導大腦，讓自己跟隨對方情緒起舞，於是雙方對罵甚至打架等等。

　　這裡我們就來看「過濾習慣」的養成。

　　先複習一下本書前面章節所提，人們與宇宙對接前的三個自我調適步驟：

自我覺察 ➡ 自我定位 ➡ 自我調整

　　「過濾習慣」的養成，就從經常「自我覺察」做起。

　　記得嗎？前面說過，一杯水就算放在不被干擾的房間裡，也會累積塵埃，因此沒有所謂：我已經「悟到」了，所以就達到境界這回事。對你我這般的凡人來說，真正「悟到」的境界，也就是「本來無一物，何處惹塵埃」，那是已經完全到了超越思想藩籬，跟宇宙融為一體的大澈大悟。

　　這樣的境界，需要高度的修為，對讀者們來說，我們仍

處在「心是明鏡臺」的階段，所以仍要「時時勤拂拭」。

最簡單也最基本的方法，就是每天檢討自己。

各位讀者，可以試著從今天做起，先從「拂拭」做起。

🌱 每晚的自我過濾

拂拭，不需要什麼額外的技法，不需要一定得學坐禪、讀心經也不需拜師學藝。這裡，我們講的是最簡單的，包括在家或出差在外，在任何場合都可以做到的。

★ 靜心和沉澱

每晚養成一個習慣在睡前找一個時段，靜下來心來，思考今天整天的行程，做了哪些事？有哪些成長？

這階段就好像讓一杯本來混濁的水，「靜止」下來，過一段時候，雜質就會一個個往下墜，沉積到杯底。

第九章我們曾介紹過，「反思」和「省思」，兩者是不同的。這裡，我們也就是要建立「自發性」的省思。而所謂自發性，不是我們要「做什麼」，在此的意義剛好相反，讓

我們試著「不做什麼」。

是的，今天一整天下來，假想我們這杯水，或者說我們這個生命瓶子，已經經歷了許多來自工作上或情感上的紛擾，就好像我們身上背著一壺水，整天被晃動著，水已經被搖混濁了一樣，到了晚上請讓自己試著「靜下來」。

讓心「沉澱」，

那些個白日經過的種種，

那些個雜質，就逐漸沉澱，逐漸讓你看見。

所謂「照見自己」，就是如此。

★ 檢視雜質

有些人有寫日記的習慣，這很好。寫日記不是要記流水帳，而是一個自我檢討的過程。但這裡也不要給自己太大壓力，如果一個人有寫日記的習慣，這本身就是件好事，就算是流水帳，也是一種「邊寫邊省思」的歷程。

如果沒有寫日記習慣，那用簡單的記事本記錄也可以，若養成習慣，一天天記下來，也是某種形式的日記。這裡，

我們列出事件，接著也嘗試列出想法：

1. 今天上午交通狀況不佳，我在車陣中感到焦慮。為什麼如此？上班時間塞車本就是常態，我又不是不知道，尤其今天是星期一。是否我應該養成紀律，每天提早半小時出門，提早到公司，也可以更清楚整理一天的計畫。

2. 中午去 B 公司開會餐敘，我覺得該公司櫃臺小姐服務態度不佳，她難道不知道我是他們公司的大客戶嗎？為什麼會有這種情緒？我是覺得自尊受損，認為櫃臺小姐應該對我畢恭畢敬嗎？是否我自認是他們公司客戶就覺得自己高人一等？我是否變得傲慢了？另外，如果對方對我態度不佳，是否因為我本身沒有散發出一種讓人尊敬的氣質？想想也是，我連這種小事都記恨到現在，我真的情緒管理非常需要改善。

3. 下午和企劃部開會，那個來公司才不到半年的空降課長，似乎愛表現過頭了。不斷提什麼創意，還想推翻前人行之已久的媒宣作法，是想升官想瘋了嗎？為什麼我當時內心充滿不平？如今回想，我是嫉妒嗎？還

是害怕自己的副理位置會被取代？如果他提的意見對公司是好的，我應該要高興公司有這麼好的人才才對。我為何不快樂？難道我只關心小我，不以公司發展為重嗎？原來我格局那麼小嗎？

以上，只是舉例。一天當中，可能發生很多事情。但請注意，如果沒有這個「省思」的過程，那麼日子只會一天一天過，然後我們會覺得越來越煩悶，這城市怎麼了？天天塞車？這種負面情緒，不知不覺累積，後來就會讓自己脾氣暴躁，在公司裡做事也變得情緒化，變得不好相處。

沒有這個省思的過程，我們可能不知不覺累積對 B 公司的負面印象，但其實當天只是櫃臺小姐的個人經驗不足，畢竟她是剛畢業沒多久的新人。

可是這個印象沒去「過濾」出來，會逐步深入我們的潛意識裡，後來在腦海中逐漸變質，最後，只因自己私人的不高興，就以私害公，否決掉原本和 B 公司的合作案，造成兩家公司失和。

最後，若一個人對公司同事心存芥蒂，會不會表面上你

還笑笑的，內心裡已經逐步累積偏見，到後來，你變成「對人不對事」，反正那個新課長就是「想篡位」、就是「想拍老闆馬屁」……。當這樣想，你已經不客觀了，你甚至已經不適任副理的位置了。因為自己已經變成公司的毒瘤。

　　所以，省思很重要啊！
　　最好今日事今日畢，
　　當天發生的事當晚就省思，
　　透過省思自己這一天，
　　就能檢視「這一天的雜質」，
　　及早檢視，及早省思。

★ **轉化行動**

　　檢視雜質，一方面要清掉雜質，一方面也要問問，這雜質怎麼來的？

　　以前面的例子來說，透過靜心，讓我們回想這一天，原來自己情緒太浮躁了，自己對人有偏見等等。這些都是可以藉由思考化為行動的，具體來說，明天早點出門、認真的去

重新看待新課長的企劃提案等等，那就是行動。

　　但如果只是拿掉雜質，讓今天不生氣了，那仍只是「治標不治本」。

　　不治本，可能你今天省思了，明天調整一下情緒，但後天你又開始情緒化了，因為問題的根源沒解決。例如，為何你經常感到嫉妒？潛意識中，是否因為你有種自卑情結，總覺得自己不如人，所以怕哪天「被人取代」？

　　當我們省思自己，並且常態性的這樣做。終究會發現那些常態性的問題，背後都有些待解決的症候。例如，你發現每週至少一次，你會有類似這樣「與人不愉快」的情緒，你總是會覺得對方很討厭、很愛現……等等，若這問題一再出現，那就代表不是突發狀況不是個案問題，而是你個人本身需要深沉處理的問題。

　　這也是每晚過濾自己，可以帶來的影響。

　　關於過濾，下一章讓我們來談，更深入內裡層面的省思和如何自我調整。

第十九章

每日做到的靜心修練

老僧三十年前未曾參禪時，

見山是山，見水是水。

後來參禪悟道，

見山不是山，見水不是水。

而今覓個休歇處，

依然見山是山，見水是水。

——《指月錄》（原文意譯）

　　沒有例外，身為凡人，總會有種種的煩惱。事實上，煩惱永遠不會消除，煩惱有些是內心情緒的反映，但更多時候是客觀的存在。

　　內心的情緒或許可以靠修身養性調整，客觀的存在，卻是人生無常的一部分。例如，脾氣太壞、常對孩子兇，這種個性，可以靠修養來改善，但颱風來襲，土石流淹沒我們的產業，造成龐大經濟損失，這是客觀的存在。

　　本章，讓我們修練自己，簡單目標有兩個：

1. 讓自己處在更佳的狀態中：

　　也就是懂得修身養性。如果一個原本時常抱怨的人，能夠透過自我省思，變成一位能夠以正面看待事情，能夠看清別人優點、懂得讚美的人。這樣的修身養性，自然是好的，本書前面諸章節，也希望可以導引讀者們，認識自己，學會修身養性。

2. 讓自己懂得面對無常：

　　也就是知道如何面對客觀的存在。相較來說，面對無常，則是更深的課題。

　　當大環境變動時，一個人不要想去改變環境，而是該設法做到讓自己，儘量不被外在環境影響。

　　以名牌手錶來比喻，一支專業精工的防水錶，在平日就已展現優異功能，但就算碰到考驗，好比遭逢大水或日曬等環境，手錶功能依然完美無缺。

　　相反的，一支普通的錶，在平日看來也好好的，跟那支精工手錶功能一般，也能提供準確的報時。唯有在出狀況了，好比說遭逢大雨，這錶遇水就故障了。

　　如果「遇水」代表著生活中種種的突發狀況，那我們是否讓自己成為一支「能挑戰任何環境的名錶」，而非一遇狀況就掛掉的普通錶。

　　這就是人生的修為。

日常生活中讓自己可以得到改變

　　如果今天在辦公室裡，你跟某甲起衝突，那可能是突發狀況。那個某甲跟你起衝突，但他也和很多人起衝突。那可能就是某甲這人有問題。即便如此，你也脫不了干係，因為

你也是克制不住情緒，和他發生了衝突。

　　如果你跟某甲衝突，你也跟其他部門的人起衝突，情況有兩種：

　　1.你今天情緒特別不對（可能昨晚沒睡好）。

　　2.你個性就是會與人起衝突，也就是，你不只今天在辦公室跟不只一個人起衝突，你實際上是「常常」跟人家起衝突，甚至，不只在辦公室，在家裡、在社區也是這樣。

　　狀況不同，背後原因不同，處理藥方也不同。

　　有的是臨時狀況，可能是危機處理能力不佳，有的是更深層的牽涉到本身個性問題。無論如何，共通的一件個源頭，就是「自己」。

　　當你自己可以做到最高修養境界，那就算碰到瘋狗一般情緒失控的人，應該也可以做到「如如不動」。

　　在基督教裡有句名言：「若有人打你的左臉，把右臉也轉給他。」或者中文有個成語：「唾面自乾。」最高境界的修為，可能需要更多的精進自修。但基本上，讓自己做到

「成為情緒的主人」，這件事是任何人都可以做到的。

這就是屬於長期的修養。

關於自己的情緒、自己的心靈，以及任何和「自己」內裡能量有關的事，也有很多的層級。做到「本來無一物，何處惹塵埃」或者「大道無門，喜怒由人」是很高的境界。再下來的境界，都跟能量有關：

能量高者，人們在你面前自會有種尊重，他被你的磁場影響了。以前述辦公室某甲為例，他會跟很多人吵，但看到你就不會跟你吵，因為你散發出一種令人尊敬的能量。瘋狗般不可理喻的人，在你面前也不禁會收斂起來。

能量一般者，至少做到與人平等對待。當兩人能量旗鼓相當，懂得掌控能量的人，自然擁有比對方更高的氣度與格局。就好比汽車擦撞，兩人下車後，一人破口大罵，你卻是神情穩重的表示這事交由客觀仲裁，對方越罵，越顯得他立場不穩，旁觀眾人，也會支持你。相反的，若你和對方對罵，兩人都失控，或者你畏畏縮縮的，好像自己犯了錯般。那都是能量不能掌控的表現。

低能量者，就是時常感到自己「走楣運」的人，感到

事業不順、財務控管不良、感情破裂，總是覺得「大家都看不起我」的人。這是時運不濟嗎？非也，若本身「能量」不足，那就永遠會感到時運不濟。

如何擁有更好的自己？

除了上一章介紹過的每天自我省思。還有一件事也是每天都要做到的，那就是試著用正面思維來看事情。

凡事都有很多面向，單看你要專注在哪一點。以下簡表，只是範例，你在日常生活中，可以結合你常見的狀態，試著改變思維。例如你的同事「很愛表現」，你可以用正面思維看待，改說他是「很積極主動」等等。

負面思維	正面思維	負面思維	正面思維
撤退	戰略性轉進	被拒絕了	又挑戰了另一種新可能
地震	大自然能量釋放	雙方吵架	雙方較熱情的意見交流
被人欠債	只是將我的錢放在另一個戶頭以後支領	老闆指責	老闆願意特別教導我

失敗了	尚未成功	只剩半杯水	還有半杯水
下雨天好麻煩	下雨天大地得到滋潤	困在車陣	難得的休息時間
惡劣的孩子	尚在摸索如何改善自己的孩子	推銷商品	分享好的產品給客戶
懶散	不夠積極，要重新再出發了	怠惰	休息比較久一點需要振作起來了

　　有時候，只是簡單的改變用語，用正能量來看待「同一件事」，世界就變得不一樣。

　　每晚自我省思，以及學習如何用正面思維看世界，這兩件事都是人人基本可以做到的。不分年紀，也不需要去學什麼技巧，只要有心改變，就可以改變。

🌱 在無盡黑海中的體悟

接著來談更進階的修練。就是說，我們要刻意的藉由某些動作及習慣，調整自己。

相信坊間有很多進修類型的書，有的透過禪修、呼吸調息、有的透過打坐、練太極，或者修習奧修、禪學、念經等等。除非目的是惡的，否則方法沒有對錯。在宇宙這「大我」下，每種方法，都是個人這個「小我」和宇宙連接的路徑。就好比從山下到山頂，有人選擇搭車，有人選擇徒步，最終只要能到達，都是對的。

但要記住的一件事，要有收穫必須先學會付出，而付出可能會帶點痛苦。例如，徒步上山，可能後來會雙腿疼痛還會氣喘吁吁，但換得的是更健康的體魄，以及到達山頂後那種汗水淋漓的痛快。

每種方法，都會歷經這類歷程，畢竟修練不是玩玩而已，要真的去投入。打禪，就不要胡思亂想，跑步就認真跑完不要半途而廢，就連看起來最輕鬆的閱讀，也會碰到思慮轉不過來的瓶頸。

　　記得嗎？前面我們以一杯水來比喻自己的內心，當我們攪拌雜質時，一定會出現漩渦，出現漩渦絕對是不舒服的，想像你若是處在漩渦中，可能會滅頂，而自己的心若在漩渦裡翻攪，也是痛苦的。

　　所以人們常稱，挑戰過往的自己，到另一個新境界，叫做「跳脫舒適圈」，因為改變真的是不容易的。

　　在本書，我們先不讓讀者做什麼深度的魔鬼訓鍊，我知道有許多「激發心靈潛能」之類的訓練營，可以協助看清內心真正的自我，還有可以逼出潛在能量等等的高階學習。

　　本書暫不談這些，也不談這類培訓的基本應用，例如培養公眾演說能力、陪養自己高超業務力等。但做為一個「向宇宙下訂單」的主人翁，我希望每個人都願意接受挑戰，認識自己，提升自己。

　　我非常推崇一種方法，就是讓自己「在海中沉思」。這是我個人的體悟，非常能帶給心靈強烈的知覺體驗。

　　前提，一定要找個人陪伴。從前我住的城市，離海邊還算近的時候，我會驅車戴著友人，在深夜來到海邊（自然是要在安全的水域，並且不會選在天候不佳的時候），這時

我和對方會輪流看守另一方，身穿合格的潛水裝備，讓自己潛入海中。（不需要深海，只需近海，也就是整個人若站起來，半身以上都在海面上）。

知道嗎？夜晚的時候，沒有什麼照明的海邊，本就很黑了。但比較上，那種黑和海裡無盡的黑，是完全不同的境界。在海中，當關掉潛水燈，那是種全然的黑暗，甚至全然的虛無。你真的什麼都看不到，包括把手放在眼前都看不到的那種黑。

初始你會感到害怕、感到無助。你甚至已經分不清上下左右，在全黑的世界裡完全沒有光做為你的指引，但同時，你卻也清楚知道，你身處在無邊無際的水裡。那是你看不到卻又確實存在的，就好比人類生長在地球上，就算是在一片淨空的場域，你也知道你是身在「空氣」裡。

這也像是一個人，身處在命運洪流中，對一切都感到未知，但只要願意「相信」，那麼周遭的空無，就可以變成你無盡的能量。你將相信身邊的海水，當能為我所用，我就可以藉著海水的力量，讓自己浮出海面，讓自己游得更遠。

這是一種可以帶來深度啟發的深層靜心操練。

　　當在這種環境中，我可以真正拋開俗務，首先是從我原本擔憂的處境跳脫，後來我更聚焦在自身的內裡，在絕對寧靜裡，我可以真正去省思我自己，包括我白日裡的所作所為，或我這個人的做人處事。

　　特別是當我經歷人生重大的考驗，有大筆投資，或做重大的商場決定。我都會深層反思我自己。在海裡，我更加思慮通徹。

　　這是我建議的一種操練心靈做法。再次強調，身旁一定要有人陪伴，且在安全水域行之。

　　當然，重點不是海水，重點其實是寧靜。

　　寧靜非常重要，下一章讓我們繼續來談各種操練。

第二十章

回歸寧靜，找出新方向

修之於身，其德乃真；

修之於家，其德乃餘；

修之於鄉，其德乃長；

修之於邦，其德乃豐；

修之於天下，其德乃普。

故以身觀身，以家觀家，

以鄉觀鄉，以邦觀邦，以天下觀天下。

吾何以知天下然哉？以此。

——老子《道德經》

學習，是每個人一生的志業。

而人生最大的學習，就是學習認識自己。

學習的最高境界，就是讓自己這個小宇宙和整個大宇宙連結。這是一生的功課，也感恩讀者們共同來學習努力。

這裡，繼續來談「自我的修練」。

🌱 用第三者的角度審視自己

前面我們提到，每日自我省思，寫日記也是一種方法。這裡我們要談到省思的「角度」，以日記為例，寫法上雖是第一人稱，但我們卻要盡量讓自己可以站在「第三者」的角度，以最客觀的方式來看待自己。

想像一下，讓自己心靈昇華，來到一個超越時空的場域，在那裡，你可以觀看一部影片，影片的主角就是你自己。這個角度很重要，因為，所謂當局者迷，一個處在情緒化中的人，也就是影中人，可能內心只有滿滿的忿恨不平，但當你站在第三者的角度來看那位影中人，就可以客觀地寫下你的評語。

　　例如，那個影中人太過偏激、太不理性、太自以為是等等……那個人就是你自己。

　　寫日記省思時就可以用這種角度。也許白天親身經歷時，無空細想，當夜晚回顧，讓自己盡量客觀地審視今天的自己，去掉情緒化字眼，只剩下「事實」。

　　例如，白天你認為交通單位實在太糟糕，怎麼每天塞車，讓你很不高興。但當審視事實，就只看到一個畫面，那就是「滿嘴抱怨的你」。

　　這裡我也建議讀者們，如果能夠時時刻刻保持記錄的習慣，那麼不需要等到夜晚，就能夠調整自己情緒。例如你可以隨身帶著小記事本，當發生突發狀況，記下來自己當下的情緒，例如被老闆指責時覺得委屈，或者看不慣其他同事的做事態度，內心有不滿等等。

　　事實上，當你花時間記錄時，也等於在「強迫自己暫停」。一般情緒管理老師會要求學生，當碰到很生氣快要失控時，停下來深呼吸默念一到十，當我們拿筆做記錄的過程，也大致上是這樣的意思。當情緒過了，人也就冷靜下來，很多的爭吵就因此不會發生。

　　而用第三者視野審視自己時，雖然要客觀，但也不必過多苛責自己。記得上一章列了正能量負能量思維範例，我們試著用正面思維看自己。每個負面思維，可以用正面思維來矯正，例如「意氣用事」，可以想成「感情比較豐富了點」，為此，我們可以調整讓自己，多點冷靜，少些激情。

　　用這樣的思維來看待自己，很多的現象是可以化解的。

　　一般人生活中的煩惱，除了每天面對的突發狀況外，最常見的其實是長期問題，這時候，當我們懂得長期用第三者角度來審視，時時為自己做導引，就可以一步步找到方向。

　　例如：

狀況	局中人思維	第三者的省思觀點
總是覺得工作不順	・ 我好倒楣，總被大材小用，永遠英雄無用武之地。 ・ 同事對我不好，老闆也不器重我。 ・ 這家公司薪水福利沒一樣好的。	・ 這個人老是愁眉苦臉，講話都用負面語句，難怪交不到朋友，公司也不願委以重任。 ・ 這個人老愛抱怨，但真正交給他任務，卻又做不出成績。

經濟狀況一直處在低谷，甚至負債累累	· 這是個不公平的社會，什麼都漲，就是薪水不漲。 · 永遠都是有錢人取得優勢，我們這些平凡人只是被鯊魚欺壓的可憐散戶。 · 我那麼認真，為何到頭來，落得身無分文。上天為何苛待我？	· 這個人不用心做功課，只貪圖利潤，以為可以不勞而獲。難怪怎樣投資都失利。 · 這個人從不花功夫去做財務規劃，沒記帳習慣，所以每月都當月光族。 · 這個人心態上不負責，欠銀行錢只想著能拖就拖，不去積極規劃怎樣改造財務上的窘境。
和家人關係不好	· 真可憐，每天辛苦工作都是為了這個家，但結果他們不懂感恩，還每天臭著臉對我。 · 在家裡我就是老大，孩子竟然敢頂嘴，太太竟然對我有意見，他們是造反了嗎？	· 這個人，似乎在公司是一副嘴臉，回家又是另一副面孔，他似乎把家當成他白天不如意的出氣筒。 · 這個人很傲慢，不聽別人勸，動不動就生氣，非常難以相處。難怪家人都越來越不想靠近他。

　　同樣的一個人，只是站在不同觀點，卻看起來像在講兩個人。

　　現在假定，你是那位局中人的朋友，晚上陪他喝酒聊心事，他滿嘴都是抱怨，你是不是會以為你朋友很委屈，因為他跟你講的人生故事，都是那些他篩選過，以他為「受害者」的版本。相反的，當你是他的家人或他同事的朋友，可能聽到的又是另一個版本，這個人對家裡不負責任，職場上是個讓人頭痛的人物等等。

　　這樣，我們就看出「記錄」的重要，一個長期養成記錄及自我省思習慣的人，就可以讓自己從那個局中受害人角度，轉向成正面積極的人。

　　現在，回到「跟宇宙下訂單」這件事，假定，宇宙有個窗口好了，下訂單的人，一方面下訂單，一方面其實也在被宇宙面試。如果宇宙面試官看到的是一個「抱怨東抱怨西，心中老是懷著怨懟的人」，那宇宙願意錄取他嗎？願意聽從他的心願，讓他「心想事成」嗎？

　　當我們用這樣角度想事情，就知道為何很多人跟宇宙下訂單，卻得不到回應了。

不論一個人：

◆ 想祈求事業順利，在職場上步步高升。

◆ 想擺脫財富困境，讓自己財源滾滾。

◆ 想成為人見人愛的人，不是萬人迷，至少也要是認可的
　夥伴。

那麼，向宇宙下訂單，其實也是向自己下訂單。你要與
自己對話，先改變你自己，就能改變未來。

這樣的改變，自然不是今天跟宇宙下訂單，希望趕快還
清負債，明天立刻其中樂透那樣簡單。但至少只要夠誠心真
意，那麼，未來的改變就是清楚可以預期的。未來肯定一天
天會更好，債務越來越少，朋友越來越多等等。

🌱 心情洗滌的修練建議

說起改變，很多人以為，身為本書作者的我是一路平
順、總是遇到貴人，才能有著如今的事業成就。

但其實過程中我也是歷經艱辛的，創業需要資金，特別

是我投入的是以慈善為目標的事業，更需要殫精竭慮地擘劃籌備。

我也是努力和宇宙下訂單，但宇宙回應我的，必得依照我是否「內心真誠」來做判定。當我的信念是積極上進的，我真心想做一份事業，那麼，即便過程中遭逢種種苦處，「上天」也會提供我解決的方案。

例如每當我事業發展到一個新階段，必須要更多資金挹注，後來就真的會得到不同的管道資金、資源匯流。這過程一點也不強求，舉例而言：我曾經在 2019 年夏天，去臺灣履勘新公司設立地點事宜，有機會也拜訪認同我理念的人，我的做法不會去強迫推銷或商請別人投資，我一定是誠心誠意的和朋友說明，包含我的夢想是什麼？我現在的事業發展到哪個階段？

過程就是純分享，絕不刻意用任何話術誘導出資。

但那一次我只到臺灣停留短短三天，本來只是搭機回成都前撥空約國中同學出來見面，雙方聊聊近況，關心彼此生活，本意就只是這樣。當然聊到近況，我也會大略介紹我正發展的事業，當時是坐在飯店大廳，也沒什麼簡報工具或財

務報表，就是朋友聊天。

那是我準備前赴桃園機場搭回程班機前的幾個小時，沒想到，我只是用心分享，但我的朋友真的覺得她越聽越有興趣，結果聊不到一小時，對方就立刻表示她也想參與投資這樣的事業，我甚至來不及準備合約，我是匆忙從已經整理好的行李箱中翻箱倒櫃般找出備用文件，對方只用三分鐘看完，當場立刻簽名加入。

這是真實案例，而這樣的事經常在發生。這不是神蹟，當內心的宇宙真的和大宇宙連接後，能量是無限的。

本書，我主要談的是觀念，不談太多的技術做法。畢竟每個人有不同的狀況，就算同樣發生財務問題的兩個人，背景不同，解決方案也不同。

一個人可能是被家族債務拖累，另一個則是因為本身不擅理財。這兩個人的處理方法既然也不同，若個別輔導的話，方式也就不同。

因此本書要和各位讀者分享的，還是「自救」的道理。

另外，所謂「佛渡眾生」，但佛也只能渡有緣人。任何的導師，都頂多能做到提點一個人，但終究不能硬牽著對方

走。就好比我可以告訴你，你家的花園底下埋有黃金，但也要你願意自己起身，拿起鏟子一吋吋地去挖土，才能得到。

所以，在觀念上，我可以盡情分享，在方法上，我則是提供「自己」的例子。

以下是我本身常用的方法：

◆ 記錄的習慣。

◆ 夜晚潛水在海中思考。

◆ 運動的習慣。

◆ 亂語。

其中，運動是我多年來養成的習慣，當我以前住在臺中時，每個清晨都會去中興大學跑步，後來因為事業拓展，我在不同城市也持續著跑步的習慣。

亂語，這部分可能有的人比較不清楚，這裡我也補充說明。所謂亂語，顧名思義，可以解釋為胡言亂語，但這裡的「胡言」，是真的讓對方聽不懂你在講什麼，事實上，你也不知道自己在講什麼。

這其實是奧修的一種修行，或者稱為「有意識的瘋

狂」。當語言有了定義，人的思維就會綁住，反倒所謂亂語，就是發出任何你喜歡的聲音，但是不要講任何語言。旁人聽起來你可能只是在哇啦哇啦不知念什麼。

亂語的好處，特別是當一個人情緒不佳，好比說想要罵人時。當你發出亂語，一方面藉由這樣的情緒發洩，你讓內心的怒火漸漸熄滅，二方面，你並沒有因此口出惡言，所以也就沒有因為吵架怒罵而傷到對方。

經常修練亂語，也是讓心寧靜的方法。我的習慣，有時候是邊跑步邊亂語，整個過程，會讓心情洗滌。

不論是潛入海底，或者是邊跑步邊亂語，有個共通重點，那就是「寧靜」，你必須讓自己處在一個寧靜的場域，所以白天喧嘩時，可能不適合寫日記，但晚上在你房間沉思可以。

另外，每個人有不同的嗜好習慣，對我來說，運動是一個很好的方式，讓自己處在寧靜狀態中，可能戴上耳機隔絕馬路車聲，那種寧靜會更清晰。但對其他人來說，也許有的人喜歡畫畫，有的人喜歡禪修。只要適合自己且過程不會妨礙到別人的都行。

　　所謂寧靜，實際上的做法卻是動靜皆可，例如運動就是一種「動態」的寧靜，畫畫就是「靜態」的寧靜。瑜珈課程有一種叫做「靈動」的課程，這也是一種動態的寧靜。

🌱 最終，這仍是每個人自己必須修行的功課

　　本書至此，從定、靜、安、慮四個階段，來談一個人如何從自我覺察、自我定位、自我省思，最終可以成就更好的自己，讓自己可以「跟宇宙下訂單」。

　　這就是祕密背後的祕密。

　　然而，有讀者要問了：

　　不是應該「定靜安慮得」嗎？

　　為何老師不教我們「得」呢？

　　這世間人人都想「得」到，但人人想要的東西不同，若行之不正、取之非義，就算得到也不長久。而若能心存正念，一心向善，那樣成就的大能量，所有跟你願望相關的人

事物，都會主動向你靠近。

「得」是一種結果，
關鍵在於每個人的自我操練。

所以本書最後，為何沒有專篇談「得」，因為那是每
個人正在進行的功課，也就是說，這本書還未完成，因為要
由每位讀者，接續下去，這樣，這才是一本屬於「你自己的
書」。

但最終，我還是會以結論的形式，跟各位分享我自己有
關於「得」的體驗，讓我們來認識，兩個修練的重要法門：

一個是旅行，一個是公益慈善。

定靜安慮 **得**

洗滌瓶子，讓自己成為對社會有貢獻的人

　　人與人間相遇就是有緣，所謂相遇，不一定要在某個看得見的空間，相遇也可能在不同的時空。

　　包括今天你閱讀這本書，也許是書出版的當月，也許是五年後的某一天因為某個人介紹而閱讀，無論如何，當你透過書本與我認識了，那就是一種緣。

　　如果說，整個宇宙就是一個能量體，你與我都是這個能量的一部分，只是有的人尚未自我覺察，仍被困在小我的瓶子裡；有的人則取得有限的體悟，透過打開瓶蓋，和宇宙做了一定的連結。無論如何，大家都是一體的，不只「四海之內皆兄弟」，當我們可以找到定位，釋放負面能量建立大我無限的連結，那麼佛說「四大皆空」，但換個角度來說，也可以說「眾生平等」，你我都在同一個宇宙裡。

　　本書最後，要分享壓軸的兩個自我修練：

　　旅行以及公益。

旅行，是一種心靈洗滌

修練自己的形式很多，如何深入省思自己，真正釋放自己內心負能量，對宇宙敞開心房？每個人依照自己的個性，可以有不同方法。

這裡特別推薦旅行和公益。因為這兩種方法，不只能提升自己性靈，往往也能散發正面能量給其他人，特別是慈善公益，更是影響面寬廣。

先來談旅行吧！我自己本身因為熱愛旅行，參加了一個國際性知名的旅遊機構「WorldVentures」。在這裡，除了可以取得許多旅行的資源，認識很多好朋友外，還可以透過好的經驗分享，變成一種可以帶來收益的事業。也非常感恩在這裡認識許多的好朋友，給我很多正面的啟發，建立長遠的友誼。

以我的過往的人生歷程來說，這許多年來，旅行真的帶給我很多的正能量。

其實從我很小的時候，就因為成長環境因素，必須去到不同地方，那個階段比較像是漂泊，不是愉快的旅行。不論

如何，就算是漂泊，也讓我因此可以接觸到不同的人事時地物，拓寬了我的視野。

而隨著我的生涯之路越來越開闊，如今，旅行已經是我生活的一部分，一年 365 天裡，我大約只有不到三分之一的時間是住在自己家裡。我不是搭著飛機，去到歐亞美各洲演講或旅行，就是在某個海外定點，參加性靈修養或與朋友的聚會。

我鼓勵每位朋友經常去旅行，不一定要把旅行想像成，非要是「環遊世界」般的壯舉，事實上，就算搭個火車，到鄰近的鄉鎮去爬爬山看看古老村莊，乃至於就算上班族也可以下班後，搭夜班火車去到最近的海邊，看月光瀲灩在水面上，這也能讓心靈洗滌。

旅行與能量的關係：

★ 旅行可以放鬆心情

如同前面章節說過，到任何場合，從事動態或靜態活動皆可，只要情境是寧靜的，都適宜洗滌內心，讓自己這個小宇宙的生命瓶子，得到正能量的拂拭。

旅行，其實某種角度來說，就是跳脫平常的生活軌跡，

在新的城鎮，你不需要被原本的日常生活所羈絆，如果可以，你也可以盡量不接手機，真正做到全身放鬆，感受山裡的芬多精、海邊的涼風習習、或者愉悅地在老街漫步。

那就是一種寧靜時刻。旅行，甚至也不去刻意思考什麼。當你處在那種放鬆狀況，本身其實就是一種生命「濾」的狀態。

★ 旅行可以觸動新視野

許多時候，好比企劃工作者，被困在一個情境中腦袋打結，想不出好的文案來。或者專案任務執行者，碰到瓶頸，總是無法突破找到好的解決方案。那時候，你不管如何努力，還是跳脫不出困局。為什麼呢？因為一個人老是處在舊的環境，被原本的模式牽著走，自然就無法找到突破點。

往往碰到瓶頸最好的做法，就是「放下」。

記得嗎？前面章節曾提過猴子抓糖的故事，當你腦袋想太多感覺都快爆炸了，那麼，放下吧！乾脆不要去想。這時候，旅行真的是一種很好的轉換情境方式，一方面你讓自己的身體與性靈休個假，一方面，真的很神奇地，常常反倒在

旅行途中，唉啊！過往怎麼想都想不通的事，卻在看山看海看不同的人情風景時，就這麼豁然開朗想通了。

旅行，是一件很神奇的事，旅行就像是宇宙邀你一起去玩一個收集正能量的遊戲。

讓自己樂在其中吧！

再次強調，不一定需要那種煩惱幾萬元機票、住宿安排該如何、要事先存多少錢才夠成行的那種旅行。當你想通了，放下了，背著小小的行囊，以遠方可見的那座山為方向，這樣也可以開始旅行。

🌱 慈善，是一種正向循環的締建

提起公益慈善，就我的印象，許多人一想到慈善，就想到道德教化，就想到一些很偉大的信念，因為太偉大了，所以反倒提起慈善，談話就要變得嚴肅起來。

本書，也是直到最後面，才開始來談慈善。為的就是不要一開始讓讀者感到太嚴肅。

什麼是慈善？

我跟家人朋友們分享慈善這兩個字對我而言是什麼：

慈＝用慈悲的心寬容每天所發生的人、事、物。

善＝用善念之心回饋所發生的所有人、事、物。

這樣才能稱之為慈善！它並不是指單獨的公益，公益只是使自身的能量更強大，可以更好的使我們更有效的將能量發揮，這是我所認知的慈善，記住我說的，因為很重要，我再強調一遍：

慈＝用慈悲的心寬容每天所發生的人、事、物。

善＝用善念之心回饋所發生的所有人、事、物。

這樣才能稱之為慈善！

多年來，我跟朋友分享慈善，我會讓他們知道，雖然我本身經常在不同的城市甚至不同的國家，做捐款、公益演說乃至於造橋鋪路等善事，但對我來說，只要能用心，就算今

天我只是很真誠地和一群年輕人聊天，當我心存善念，對方也因我的話語有所啟發，那何嘗不也是一種慈善。

但不論是哪種形式的慈善，都不該心存計較，計較我的付出有沒有回報？那慈善就變質了，有所求，那就偏了。

真正的慈善，是一種發自內心的感覺，每一次的真心付出，也是一種心靈洗滌，無所求而付出，讓自己跟宇宙更貼近。因為真正的付出，的確就是打開自己生命瓶子的瓶蓋，願意跟宇宙大我的能量對接。

並且每一次的付出，也是一種正能量的感召。曾經我聽過許多這樣的故事，一個人因為小時候受到幫助，內心被種下慈愛的種子，於是他長大後也立志要去幫助人，這樣子形成社會善的循環。佛說功德無量，這不正就是功德無量？

對每個人來說，付出，是一種釋放，是一種清空瓶中負能量的概念。

甚至，有一種情況叫做偽慈善，最終卻也會變成真慈善。意思是，原本當事人可能不是真心做慈善，只因為他的身分讓他不得不出席某些公益場合，或者，是為了提高自身形象，而去捐款以及和小朋友拍照等等。但只要做的是善

事，也許初始只是表面功夫，但善事做久了，最後卻真的喜歡做善事，變得真心想投入做為志業。

國際巨星成龍先生，就曾在受訪時公開表示，他年輕時做慈善，當時只是為了展現形象，然而，到如今，他是真心喜歡慈善，就算做善事沒被任何人看見，他也願意付出。

慈善帶來感動，也鼓勵讀者們，可以將投入慈善，當成一種內心自我洗滌，拋開負能量的方法。

🌱 讓我們都成為更有影響力的人

本書至此，已到了尾聲。

這只是書寫告一段落，相信日後透過各種形式的連結，例如演講場合，例如透過平臺和我交流，或者有甚麼瓶頸無法突破，透過寫信想一對一請教等等，我們還可以再次結緣。

相信有緣閱讀到本書的人，也是有緣可以更和宇宙親近的人。

　　最後，讓我們一起重溫「定靜安慮得」的流程，這是屬於你我一輩子都要精進的功課，每個人可能會達到不同的境界，重點在於，我們不能只局限於「想要」，而必須真正化為行動。在自我提升上，先覺察自己的能量，找到定位，並打開自身封閉的瓶子，要知道「祕密」背後的祕密，關鍵還是在自己。讓我們一起來修練自我的小宇宙吧！

　　也別忘了，正能量提升一個最重要的方法，那就是做慈善。若有可能，我們應該盡自己最大的能力，幫助更多的人。現在的我，也正在拓展事業，透過好的經營模式，讓世界更美好，關於這部分的課題，有機會再和讀者分享。

　　總之，我們人人都可以藉由正向的能量，成就更大的影響力。

　　我的故事，還在進行中。正如同每個人，也都在認真經營自己的人生。

　　也許，你現在還處在一個封閉的瓶子裡；也許，你正嘗試慢慢打開這個瓶子。

　　別忘了，在這廣大的宇宙裡，你我已建立連結。這是種緣分，也是種宇宙能量交互影響，我相信這會是好的影響。

以下，是我楊楊的個人微信平臺，歡迎各位讀者有任何見解可以和我分享，關於本書以及生命中任何需要解說開導的事務，都可以和我建立聯繫。

感謝大家。

宇宙正能量楊楊

個人微信平臺

luckyyang@188.com

luckyyang96

能量就在你心裡，宇宙正在呼喚你

當我們有能量的時候，就能更廣義的行善

作　　　者／楊楊（楊璽民）
美術 編輯／孤獨船長工作室
責 任 編 輯／許典春
企畫選書人／賈俊國

總　編　輯／賈俊國
副 總 編 輯／蘇士尹
編　　　輯／高懿萩
行 銷 企 畫／張莉滎・蕭羽猜

發　行　人／何飛鵬
法 律 顧 問／元禾法律事務所王子文律師
出　　　版／布克文化出版事業部
　　　　　　臺北市中山區民生東路二段 141 號 8 樓
　　　　　　電話：(02)2500-7008 傳真：(02)2502-7676
　　　　　　Email：sbooker.service@cite.com.tw
發　　　行／英屬蓋曼群島商家庭傳媒股份有限公司城邦分公司
　　　　　　臺北市中山區民生東路二段 141 號 2 樓
　　　　　　書虫客服服務專線：(02)2500-7718；2500-7719
　　　　　　24 小時傳真專線：(02)2500-1990；2500-1991
　　　　　　劃撥帳號：19863813；戶名：書虫股份有限公司
　　　　　　讀者服務信箱：service@readingclub.com.tw
香港發行所／城邦（香港）出版集團有限公司
　　　　　　香港灣仔駱克道 193 號東超商業中心 1 樓
　　　　　　電話：+852-2508-6231 傳真：+852-2578-9337
　　　　　　Email：hkcite@biznetvigator.com
馬新發行所／城邦（馬新）出版集團 Cité (M) Sdn. Bhd.
　　　　　　41, Jalan Radin Anum, Bandar Baru Sri Petaling,
　　　　　　57000 Kuala Lumpur, Malaysia
　　　　　　電話：+603-9057-8822 傳真：+603-9057-6622
　　　　　　Email：cite@cite.com.my

印　　　刷／卡樂彩色製版印刷有限公司
初　　　版／2020 年 11 月
定　　　價／300 元
ＩＳＢＮ／978-986-5405-91-5

城邦讀書花園　　布克文化
www.cite.com.tw　WWW.SBOOKER.COM.TW